An introduction to
French sixteenth century
poetic theory

S. John Holyoake
Lecturer in French
at the University of Sheffield

An introduction to French sixteenth century poetic theory

Texts and commentary

Manchester University Press
Barnes & Noble Books · New York

© 1972 S. JOHN HOLYOAKE

Published by the University of Manchester
at the University Press
316–324 Oxford Road, Manchester M13 9NR

UK ISBN 0 7190 0475 6

U.S.A.

Harper & Row Publishers Inc
Barnes & Noble Import Division
10 East 53rd Street, New York, N.Y. 10022

US ISBN 0 6 492951 5

Printed in Great Britain by
Butler & Tanner Ltd, Frome and London

Contents

Acknowledgements

I should like to thank the following for giving me their permission to quote from the books indicated.

The President of the Société des Textes Français Modernes:

(i) Sebillet, T., *Art Poétique Françoys*, ed. F. Gaiffe, Paris, 1932.
(ii) Du Bellay, J., *La Deffence et Illustration de la Langue Francoyse*, ed. H. Chamard, Paris, 1948.
(iii) Ronsard, P. de, *Œuvres Complètes*, ed. P. Laumonier, Paris, 1914–67.

The President of the Association des Publications de la Faculté des Lettres de Strasbourg:

Peletier du Mans, J., *L'Art Poëtique*, ed. A. Boulanger, Publications de la Faculté des Lettres de l'Université de Strasbourg (Fascicule 53), Paris 1930.

I should also like to thank the University of Sheffield for financial assistance through the University Research Fund during my preparation of this book.

Introduction

The purpose of this book is to *introduce* the reader to poetic theory in France in the sixteenth century. The selections are designed to enable the reader to study at first hand, within the compass of a single volume, some of the most important critical writings of four of the major contributors to this subject. The bulk of the selections are taken from:

Sebillet, T., *Art Poétique Françoys*, 1548.
Du Bellay, J., *La Deffence et Illustration de la Langue Francoyse*, 1549.
Peletier du Mans, J., *L'Art Poëtique*, 1555.
Ronsard, P. de, (i) *Abbregé de l'Art poëtique françois*, 1565; (ii) prefaces to *La Franciade*, 1572 and 1587.

In addition, there are selections from *le Quintil Horatian* and Pontus de Tyard. This will enable the reader, at the very least, to avoid the trap of thinking that Du Bellay's *Deffence* is the only or, indeed, the most important contribution to poetic theory in the sixteenth century in France.

It is true that the Du Bellay is available in a comparatively cheap modern edition (Du Bellay, J., *La Deffence et Illustration de la Langue Francoyse*, ed. H. Chamard, Société des Textes Français Modernes, Paris, 1948). The selections from Ronsard, however, are not available together except in expensive *Œuvres Complètes*. A critical edition of the Peletier was published in 1930 (Peletier du Mans, J., *L'Art Poëtique*, ed. A. Boulanger, Publications de la Faculté des Lettres de l'Université de Strasbourg, Paris, 1930);[1] a critical edition of the Sebillet, also,

1 In January 1971 some thirty copies of Boulanger's edition were still

was published in 1932 (Sebillet, T., *Art Poétique Françoys*, ed. F. Gaiffe, Société des Textes Français Modernes, Paris, 1932). The stocks of both of these, however, are now virtually exhausted.

After a brief general introduction to the state of poetic theory before Sebillet, the selections from each of the four major authors are presented chronologically. The somewhat shorter section on Pontus de Tyard is intercalated between those devoted to Du Bellay and Peletier in order to preserve the chronological progression. In each case an introduction sets the scene and attempts to give sufficient information to ensure that the selections can be seen in their context. The selections from each author are presented chronologically, with linking commentaries to ensure continuity and to indicate the nature of the omissions. There is a conclusion for all the major authors except Ronsard; no conclusion has been included in his case because the selections, although significant, are taken from various sources which Ronsard quite clearly did not intend to amount to a coherent and developed statement of his views.

It is scarcely necessary to explain why it is important to have some understanding of the poetic theories current in a period so rich in poetry. One might perhaps be forgiven for dwelling on two points of some importance at the outset in order to avoid subsequent misunderstanding. The first is the question of terminology. Key terms such as *invention* and *imagination* had very different connotations in the sixteenth century from those they have today. Moreover, other terms, such as *imitation*, occupy a field of meaning which can be fully appreciated only if one is conversant with a classical background, which was

available. I have been asked to point out that these can be purchased from Editions Ophrys succursale à Paris, 10 rue de Nesle, Vlème, prix F 21.55.

taken for granted in the sixteenth century but which cannot be assumed today. There is, consequently, a problem of terminology for which there is, it must be admitted frankly, no wholly satisfactory solution within the limits of this book. The solution which has been adopted is to attempt in the notes to alert the reader to the dangers of misunderstanding and to provide in capsule form a summary of the most usual sixteenth century meanings together with the traditional classical interpretations where this is relevant. Mention of this point provides me with an opportunity, which I welcome, of acknowledging my indebtedness to G. Castor's *Pléiade Poetics*,[2] which deals in a lucid and masterly fashion with the problems I have just referred to. If the present book, as is intended, stimulates the reader to explore further, he will soon discover how much our knowledge in this area has been advanced by Castor's book.

The second point is connected with the first. Once again its importance has been noted by Castor in his survey of previous works on sixteenth century poetic thought. What he criticises in previous commentators is that they

have simply followed, with slight modifications, the divisions of the subject as laid down by the theorist themselves. They have thus accurately mirrored the Pléiade's own treatment of poetry, where the bulk of space is taken up by questions of versification and so on, without producing an adequate account of their general theory of poetry. This, in my view, is due to the fact that they do not investigate what is going on beneath the surface of the Pléiade's discussions. It is my contention that the basic problems of sixteenth-century poetic theory were not being tackled on the surface level of the various *arts poétiques* at all, but rather within the actual terminological and conceptual systems which those treatises employed. In order to understand what sixteenth-century theorists were about, therefore, we should not merely cover the

---

2 Castor, G., *Pléiade Poetics*, Cambridge University Press, 1964.

same ground with them, paraphrasing as we go, but we should also carefully examine the connotations and implications of the individual terms they use.[3]

It may seem wilfully quixotic to quote this with approval in an introduction to a book which presents selections from the texts ('the surface level') of those self-same *arts poétiques*. The explanation is partly to be found in the quotation above: one has to start somewhere. It may not be enough to consider what is being said on the surface but it does have to be done and it seems the best place to start from, if only because it enables one to appreciate the full force of Castor's arguments. Moreover, although it would be foolish to pretend that one can give a full account of Castor's analysis and suggested solutions, it is possible to sketch in some of his more important points so that, on first acquaintance, the reader does not end up with the disappointing feeling that all the *arts poétiques* are extremely pedestrian. The reader's shock at the proliferation of technical details and the absence of familiar (but anachronistic) formulations referring, for example, to the 'distillation of experience', 'the heightening of sensibility', 'imaginative insights', is lessened if, from the beginning, he has some inkling of the fundamental problems the theorists of the sixteenth century had to wrestle with.

The texts. The selections from the four major authors are taken, in the first instance, from the following four critical editions:

Sebillet, T., *Art Poétique Françoys*,[4] ed. F. Gaiffe, Société des Textes Français Modernes, Paris, 1932.

3 *Op. cit.*, pp. 5–6.
4 Inconsistencies of spelling, capitalisation and accentuation, here and elsewhere in the book (especially in the titles of books), can be attributed, in the first instance, to the fluidity of sixteenth century and modern editors' practice.

Du Bellay, J., *La Deffence et Illustration de la Langue Francoyse*, ed. H. Chamard, Société des Textes Français Modernes, Paris, 1948.

Peletier du Mans, J., *L'Art Poëtique*, ed. A. Boulanger, Publications de la Faculté des Lettres de l'Université de Strasbourg (Fascicule 53), Paris, 1930.

Ronsard, P. de, *Œuvres Complètes*, ed. P. Laumonier, Société des Textes Français Modernes, Paris 1914–67.

Page and line numbers after the selections refer to the abovementioned critical editions, which are indispensable to the reader who wishes to acquaint himself with the works in their entirety and to benefit from their scholarly introductions, copious notes and critical apparatus.

Critical writings on poetry
before Sebillet

Although we are primarily concerned with the theoretical writings on poetry which appeared after 1548, it would be unwise to assume that we can consider such writings in a vacuum. We shall need to know, however summarily, something about what other theorists of the early sixteenth century and, indeed, of the fifteenth century had contributed to a continuing discussion. Tradition, whether in the form of a body of accepted ideas or as something to be rejected, played an important part in shaping the major features of sixteenth century poetic thought. What follows is not intended as an exhaustive summary of critical writings before 1548; it is merely a description of some of their important characteristics and is intended to facilitate a better understanding of the later *Arts Poétiques*.

On page 223 is a table setting out some of the more important treatises on poetry which appeared in the fourteenth, fifteenth and sixteenth centuries. The predominance of the word *rhétorique* (in various spellings) in the titles of the early works calls for some explanation. In the late Middle Ages and the early Renaissance poetry was most frequently designated the art of *seconde rhétorique* and was thereby distinguished from prose writing, which was the art of *première rhétorique*. The sort of information contained in an *Art de seconde rhétorique* was essentially pedestrian and utilitarian: such works were frequently written to order for someone who required a handy manual of versification which would be of immediate practical use to him in learning how to master a complicated craft.[1] The regulations for the various poetry competitions up and down the country, which often demanded complicated fixed-form poems from the contestants, may have been another factor which helped to determine the functional nature of these manuals.[2] They were packed with information about the technicalities of verse writing; there was little attempt to deal with questions involving the nature of poetry, and subject matter was discussed only in so far as certain line and stanza forms were considered more appropriate for certain subjects.

The reason why such questions were not posed was that poetry, from classical times onwards, had been considered not as a separate, distinguishable activity but as a part of rhetoric; being merely part of a larger whole, poetry had no need of a special theory because it was subsumed in the general theory of rhetoric. In the *Arts de première rhétorique* could be found descriptions of all those aspects of language which were common to the orator and to the prose writer as well as to the poet. Rhetorical figures, metaphors, the whole panoply of ornamental devices were not the poet's preserve. Those aspects of the poet's craft which were exclusively his own— in a word, versification—were grouped separately in the *Arts de seconde rhétorique*; versification was no more than a further set of examples of rhetorical figures. The traditional aim of all the devices of rhetoric had always been to persuade. As medieval rhetoricians followed in the steps of their classical antecedents, from Isocrates and Aristotle onwards, they were more concerned to give practical advice than to speculate on the nature of poetry or wonder if it might have a distinctive *raison d'être*.

1 Langlois, E., *Recueil d'Arts de Seconde Rhétorique*, Collection de Documents Inédits sur L'Histoire de la France, Imprimerie Nationale, Paris, 1902, pp. vi–vii, xii.
2 Langlois, *op. cit.*, p. vi.

Jean Molinet's *Art de Rhétorique vulgaire*,[3] written between
1477 and 1492, was published in 1493[4] and consists of a pro-
logue and forty-eight sections. Section 1 gives definitions of
rethorique vulgaire, la lettre, la syllabe, le mot; section 2 distinguishes between masculine and feminine words; section 3
deals with the elision of the feminine 'e'; section 4 shows how
masculine and feminine endings affect the syllable count;
sections 5–39 deal with the following topics: *rime doublette,
vers sizains, vers septains, vers brisiez, vers huytains, rethorique
batelée, vers douzains, vers alexandrins, rime enchayennée, rethorique à double queue, complaintes amoureuses, rondeaux, virlais,
taille palernoise, fatras, balades, lay, chant royal, serventois,
riqueraque, baguenaude*—all these are various types of rhymes,
lines or stanza forms; sections 40–43 describe further varieties
of rhymes, e.g. *equivocque, leonine, rurale, en goret*; sections 44
and 45 deal with types of *redite*; section 46 is concerned with
the avoidance of *rimes pauvres* and *redites* and gives examples
of *rimes riches*; section 47 gives a list of *verbes composés donnant
rimes riches*; section 48 gives a list of *equivocques à quatre*.

The *Instructif de la seconde rethoricque*,[5] probably written by
Regnaud Le Queux, is in verse and was first published in 1501
as an introduction to an anthology of fifteenth century poets.
In its ten chapters the author emphasises the links between
poetry and rhetoric: he defines rhetoric, quotes ancient
authors who wrote on rhetoric and poetry, distinguishes
between the two parts of rhetoric, viz prose and verse. He
warns against the seven vices of poetry—*faulce proportion,
impropre consonance, impropre location, redites,* being too hasty
in taking into French Latin words with a harsh sound,

---

3 Langlois, *op. cit.*, pp. 214–52.
4 Langlois, *op. cit.*, p. lxv.
5 *Le Jardin de Plaisance et fleur de Rethorique*, ed. E. Droz et A. Piaget,
   Société des Textes Anciens Français, Firmin–Didot, Paris, 1910.
   The *Instructif* is the introduction to this work.

4

equivoques contraintes, hiatus—and devotes a chapter to six figures of speech—*synalepha, syncope, apocope, synonyme, mots equivoques, dialogue*. Then follow discussions on masculine and feminine rhymes, the number of syllables in a line, the arrangement of rhymes and errors to be avoided, the types of rhymes (*léonine, croisée* etc). In all, some twenty different rhymes and fixed forms are mentioned. Finally there is advice on the writing of moralities, comedies, mysteries, chronicles, romances and histories.

Le grant et vray art de pleine Rhetorique by Pierre Fabri (also known as Pierre Le Fèvre) was published in 1521. It consists of two parts: the first is entitled *Rethorique prosaïque*, the second *l'art de rithmer*. Fabri attempts a comprehensive survey of the whole field of prose and verse writing; a measure of his success, at least with regard to prose, is the fact that Molinet's continuator in 1524–25 and Gracien du Pont in 1539, who followed Fabri as theoreticians, accepted his views on prose as definitive and concentrated on improving the *art de rithmer*. There were six editions between 1521 and 1544.

Verse is defined in a very down-to-earth fashion:

Rithme n'est aultre chose que langaige mesuré par longueur de syllabes en conveniente termination proporcionalement accentué, lequel se faict en plusieurs manieres ou especes cy après declarees.[6]

Fabri speaks sternly about 'aulcuns ignorans' who think that they can take liberties with the traditionally established fixed forms. The different lengths of line are then reviewed and this is followed by an examination of *enjambement*, masculine and feminine rhymes, the relation of the mute 'e' to the syllable count and the *couppe feminine*. A brief sample will give some idea of the tone:

Et est a noter que tout masculin se rithme contre masculin, et tout

6 Quoted in Patterson, W. F., *Three Centuries of French Poetic Theory*, Michigan University Press, Ann Arbor, Mich., 1935, p. 165.

feminin contre feminin; mais les feminins sont plus longz en rithmes que ne sont les masculins, de leur sillaibe feminine qui n'est appellee que demye sillaibe, ou passe feminine, comme contre une ligne masculine de huyt sillaibes, la ligne feminine correspondente sera de huyt sillaibes et de sa creue feminine qui n'est point de plain pie entier.

Mais est a noter que toute ligne de plusieurs sillaibes, pour la pronuncer plus entendiblement et plus elegamment, oultre les reigles ja dictes de pronunciation au premier livre, porter doibt de soymesmes une incision ou couppe, a laquelle le lysant se peult et doibt licitement reposer comme point ou fin de sentence; et est ce qui fait la rithme plus harmonieuse.[7]

A chapter is devoted to different types of rhyme. Fabri criticises assonance and speaks favourably of a variety of rich rhymes, including *rithme enchainée* and *rithme couronnée*. A further chapter deals with the fixed-form poems: *lai, virelai, rondeau, fatras, bergerette, refrain branlant,* etc. The final section treats blemishes of style to be avoided and rhetorical figures.

Two features emerge very clearly from the treatises we have so far considered. The more difficult the rhyme the better. The greater the intricacy of the verse form, the greater the achievement of the poet who has the technical resources to surmount the problems inherent in the form.

We can see this cult of difficulty illustrated in perhaps an exaggerated form in the *Art et Science de Rhétorique vulgaire*.[8] This anonymous work, written between 1524 and 1525, is a close imitation of Molinet's treatise. Molinet's forty-eight sections have been increased to seventy-six. A large proportion of the extra sections deals with *equivocques*. With each succeeding section there is an ever-increasing complexity. Section 68, for example, reads:

On peult semblablement faire toutes les lignes en equivocque.

---

7 Quoted in Patterson, *op. cit.*, p. 166.
8 Langlois, *op. cit.*, pp. 265–426.

6

Exemple

Tournay, entour sa folle oultrecuydance
Tournaye, en tour se affolle oultre qui dance.[9]

Section 73 suggests:

On peult faire aussi autre maniere d'equivocque masles par ryme double couronée a double unisonance.

Exemple. Parlant a Atropos

Par discors cors	ja pris en recordz corps,
Creux garniz nidz,	ou as mes amys mys,
En consors sortz	tant qu(e) en ressors sors
Hors joliz lictz,	non sentans delictz lis.[10]

(I quote only the first four lines.)
Section 74 gives the following advice:

Autre ryme couronnée par equivocques femelles en triple unisonance.

Exemple

Quant du gay bruyt d'Amours souvent vent vente,
Et l'amant, qui son cueur sçavant vend, vante,
S'amour, lors font telz cas, venuz nudz, nue
Trouble, doncq en plaisir Venus n'euz nue,
Car elle trop ceulx telz goustans temps tempte.[11]

(I quote only the first five lines.)
The author adds the following words before the dictionary of rhymes (occupying more than a hundred pages in the Langlois edition):

Assez d'autres reigles et tailles de rhethorique se treuvent, que n'ay, pour briefveté, icy posées, car seullement ay tasche a prendre *les meilleures et plus riches.* [My italics.][12]

---

9 Langlois, *op. cit.*, p. 317.   10 Langlois, *op. cit.*, p. 319.
11 Langlois, *op. cit.*, p. 320.   12 Langlois, *op. cit.*, p. 321.

Even as late as 1539 a similar fondness for difficulty and complicated structures was expressed in theoretical works. *L'Art et Science de Rhétorique metriffiée* by Gracien du Pont makes the customary distinction between the two parts of rhetoric: 'L'une est dicte rhetoricque prosaicque. L'aultre rhetoricque metriffiée, c'est a dire Rithme, laquelle se faict par vers et mettres'. Du Pont goes on to explain how verse is 'plus subtille et difficile, pour la subgection des regles, proportion et mesure, que la dicte prose'.[13] Patterson describes the work in the following way:

> There is nothing in the treatise of Du Pont to inspire a new spirit in poetry. He adds many more tongue twisters to our already lengthy list of Rhetoriqueur antiques, fancying especially such inordinately elaborate rimes as the 'rithme concatenée,' 'rithme fraternisée,' 'rithme emperiere,' and 'rithme réciproque.'

> For Gracien the harder the rimes the better the poem. There was for him no possibility of controverting this root principle. Art consists in formal difficulties to be overcome. None of his predecessors among the Rhetoricians had carried the idea so far.[14]

In deliberately concentrating on the utilitarian and pedestrian aspects of these theoreticians we have perhaps done them an injustice. Langlois, for example, makes it quite clear that he considers it would be dangerous to assume that 'les auteurs se soient imaginé que la poésie consistait uniquement dans l'agencement mécanique des rimes'. He defends them by saying that they consciously concerned themselves with the 'formes extérieures' of poetry, deliberately leaving on one side 'l'essence même de la poésie'.[15] Nevertheless, in reading these manuals full of immensely practical details on versification, one is left with the powerful impression that writing verse is a serious and painstaking process demanding enormous

---

13 Quoted in Patterson, *op. cit.*, p. 207.
14 Patterson, *op. cit.*, pp. 210–11.   15 Langlois, *op. cit.*, p. vii.

application in mastering a vast and complicated mass of rules. Moreover, the idea that poetry was a part of rhetoric meant that little time was devoted to wondering about the nature of poetry, why men wrote it or what qualities poets might possess.

Yet it can be said in favour of the *Arts de seconde rhétorique* that they played a vital role in the fashioning of a precise technical vocabulary for the description of versification. What is more, it is in the pages of these *Arts de seconde rhétorique* that such fundamental principles as the position of the caesura, the alternation of masculine and feminine rhymes, and many others, were first formulated, however haltingly. These two qualities are far from completing the catalogue of features which benefited later writers. In the pages which follow we shall be constantly reminded that the Pléiade owed far more to preceding generations than it cared to acknowledge.

Thomas Sebillet's
Art Poétique Françoys
1548

The treatises we have so far considered reflect the spirit of the poetry written in France towards the end of the fifteenth century and in the first two decades of the sixteenth century. The very name given to the school of poets—*Les Grands Rhétoriqueurs*—is sufficient testimony to this. Thomas Sebillet's *Art Poétique Françoys*, while not breaking entirely with this tradition, takes as its chief models two poets, Clément Marot and Mellin de Saint-Gelais, who were certainly not simply *rhétoriqueurs*. Sebillet's work is important because, in spite of devoting a great deal of space to the traditional technical details, it does attempt to tackle more fundamental questions about the nature of poetry. This change is significantly reflected in the title, the full version of which is *Art poetique François Pour l'instruction dés jeunes studieux, et encor peu avancéz en la Poésie Françoise*.[1]

The list of chapter titles which follows is intended to provide a general idea of the overall pattern and scope of the work. The length of the selections and of the chapters is indicated so that the reader can see what proportion of a given chapter is represented in the selections.

Premier Livre de l'Art Poétique Françoys[2]

---

1 Sebillet, T., *Art Poétique Françoys*, ed. F. Gaiffe, S.T.F.M., Paris, 1932, p. xii. The selections have also been checked against the first edition: *Art poetique François. Pour l'instruction dés jeunes studieux, & encor peu avancéz en la Poésie Françoise*, Paris, Gilles Corrozet, 1548; Bibliothèque Nationale, Rés. Ye 1213.

2 Sebillet, *op. cit.*, pp. 224–5. Calculations of the length of selections and of chapters are based on this edition. Page numbers after selections refer to the same edition.

Au Lecteur. (All; 18 lines out of 18)

A l'Envieus. (None; 0/14)

Chapitre

Deuxième Livre de l'Art Poétique Françoys

Préface du Second Livre. (8/26)

Chapitre

Totals. Premier Livre: 603/1,164; Deuxième Livre: 422/1,430; grand total: 1,025/2,594.

The selections which follow are presented in the same order as that in which they appeared in Sebillet's original work; a linking commentary summarises what has been omitted.

Art Poétique Françoys

premier livre

Au Lecteur

Ce que tu liras icy, lecteur, escrit en ta faveur touchant la bonne part de ce qui appartient a l'art de la Pöesie Françoise, n'est autre chose qu'un tesmoignage de ma bonne volunté. Volunté dy-je que j'ai grande long temps a de voir, ou moins d'escrivains en ryme, ou plus de Pöetes François. Lesquelz voiant avilis, et quasi ensevelis soubz l'obscure troupe de cés telz quelz escrivains, ne me suy peu garder d'éscrire: a fin que cés gentilz rymeurs par la congnoissance de l'art, qu'ilz pourront prendre de mon éscriture, se gardent d'éscrire, s'en congnoissans bien loin reculéz: ou s'ilz continuent d'éscrire, qu'ilz le facent avecques l'art. Gaignant l'un de cés deus poins, avec tant peu que tu voudras de ta faveur et bonne grace, je me tiendray assés récompensé de mon tout tel quel labeur: voire, fut-il plus grand de moitié. A dieu. A Paris le vingt-settiéme de Juin. L'an de salut 1548.

18/18   [pp. 3–4]

A clear distinction is drawn between *escrivains en ryme* and *Pöétes François*. *Rymeurs* becomes a term of intense criticism because such writers lack *art*. Rhyme, one of the central pillars of the *rhétoriqueur* school, comes under severe attack.

Chapitre Premier
De l'antiquité de la Poësie, et de son excellence

Tous lés ars sont tant conjoins avec ceste divine perfection que nous appellons Vertu, que outre ce qu'ilz ont assis leur fondement sus elle comme pierre quarrée et ferme, encor ont ilz emprunté d'elle leur vertueuse appellation. Et pourtant ceuz qui ont dit que la vertu et lés ars sourdoient d'une mesme source, c'est a dire, de ce profond abyme celeste ou est la divinité, ont bien entendu que la felicité de congnoistre lés choses, et la perfection de lés bien faire, avoient tout un et mesme effét. Aussi est-ce que nous appellons science (mére a vray dire et nourrice de l'œuvre vertueus) chose propre a la divinité; et de ceste science l'art est tant prochain, et de si pres frére, que lés prenant un pour autre, on ne seroit de guere abusé. Et certes comme en tous lés ars ceste estincelle du feu divin a l'approcher de l'esprit son semblable, rend lumiére, par laquéle ell' est évidemment congnue: aussie en l'art Poétique (me soit permis de nommer art ce que plus proprement j'appelleroie divine inspiration) reluyt elle en plus vive et plus apparente splendeur. Car le Pöéte de vraye merque, ne chante ses vers et carmes autrement que excité de la vigueur de son esprit, et inspiré de quelque divine afflation. Pourtant appelloit Platon les Poétes enfans dés dieuz: le pére Ennius lés nommoit sainz, et tous lés savans lés ont toujours appelléz divins, comme ceuz qui nous doivent estre singuliérement recommandéz à cause de quelque don divin, et céleste prérogative, laquéle est clérement montrée par lés nombres dont les Poétes mesurent leurs carmes, la perfection et divinité desquelz soutient et entretient l'admirable machine de cest univers, et tout ce qu'elle clost et contient. Mais qui pourroit raisonablement affermer que la Pöésie fust de nature et de premiére naissance, sans estude, doctrine ou precept, autrement que divinement donnée? Car ce qu'en Pöésie est nommé art, et que nous traitons comme art en cest opuscule, n'est rien que la nue escorce de Pöésie, qui couvre artificiélement sa naturéle séve, et son ame naturélement divine. Laquéle encor de son origine et premier usage, et de la continuation d'iceluy jusques au present nostre siécle, te sera tant apertement montrée, que tu penseras te faire plus de tort qu'a elle, luy niant sa divinité.

[pp. 7–11]

These opening comments, with so many Platonic echoes, contrast with the drab pedestrianism of Sebillet's predecessors. To conceive poetry as being divinely inspired has many consequences: the two which are stressed here are that it automatically elevates both poetry and poets; it also leads to a contrast between inspiration and technique. In the terminology of the passage, technique is *art* and represents no more than 'la nue escorce de la Pöésie'. Sebillet recognises that in the present work it is *art* that he must be concerned with. *Nature* and its derivatives ('naturéle séve') are associated with inspiration, especially in the phrase 'son ame naturélement divine'. The distinction between art and nature was a common one in the sixteenth century and particularly interested theoreticians of poetry. See pp. 16–19, 97–9, 121, 141, 178.

Sebillet continues his description of poetry by associating it with a series of prestigious names from Christian and classical tradition. Poetry, he says, has always been associated with important religious ceremony; Greek and Latin poets alike were always held in high esteem.

Et depuis la Pöesie aiant ja trouvé un des plus haus degréz de son avancement, dont la fureur des guerres l'avoit abaissée, se releva entre lés Italiens, retenans encor quelque vestige de ce florissant empire par le moien d'un Danthe et d'un Petrarque. Puis passant les mons, et recongnue par les François auz personnes de Alain, Jan de Meun, et Jan le Maire, divine de race, et digne de roial entretien, a trouvé naguéres soubz la faveur et eloquence du Roy François premier de nom et de lettres, et maintenant rencontre soubz la prudence et divin esprit de Henri Roy second de ce nom, et premier de vertu, téle veneration de sa divinité, que l'esperance est grande de la voir dedans peu d'ans autant sainte et autant auguste que elle fut soubz le Cesar Auguste. Emeu d'affection que j'ay de la voir téle, et luy voulant avancer du peu que j'ay de puissance, je m'en vay montrer a toy, lecteur studieus de la Pöesie Françoise, mais encor peu avancé en icéle, tout ce qui fait a l'art de ce qu'on appelle Ryme, le plus clérement et brévement que faire se pourra.

68/115   [pp. 14–15]

Chapitre II
Qu'est ce que le Francois doit appeller Ryme?

L'Ancienne pauvreté de nostre langue Françoise, ou l'ignorance de noz majeurs, a fait, que ce que le Latin en la fleur de sa langue appelloit, carme ou vers, et que le Grec devant luy avoit nommé, métre, proprement et doctement tous deuz, a esté en l'exercice et en la lecture de la Pöesie Françoise vulgairement appellé jusques a present Ryme.

[p. 16]

Sebillet goes on to examine the philological confusions in poetic terminology in France which arose because of different

interpretations of various Greek and Latin terms. Sebillet
wants to reserve the term *ryme* exclusively for 'consonance
de syllabes finissantes les vers François' (p. 18). *Ryme* understood in this sense leads to a pleasure akin to that afforded by
music.

. . . la resemblance des syllabes finissantes les vers françois,
n'est autre chose que consonance portant par l'organe de
l'ouye délectation à l'esprit. Délectation dy-je causée par
l'effet de la Musique, qui soutient latemment la modulation
du carme, en l'harmonie de laquéle les unisons et octaves
(qui ne sont que paritéz differemment assises, ainsy qu'en la
ryme) font les plus douz et parfaiz accords. De la est-ce que
le rude et ignare populaire ne retenant des choses offertes que
les plus rudes et apparentes, oiant et lisant les carmes françois,
en a premiérement et plus promptement retenu et pris la
ryme: du nom de laquéle partie a aussi premiérement failly
en nommant tout le vers et l'œuvre; puys renforçant ceste
faute d'une autre engendrée par la première, a appellé les
Pöétes Françoys, rymeurs, s'arrestant a la nue escorce, et
laissant la séve et le boys, qui sont l'invention et l'éloquence
des Pöétes: qui sont mieuz appelléz ainsi que rymeurs.

Et ne devons avoir honte de devoir ce mot au Grec et
Latin, esquelz en devons tant d'autres, pour de luy honorer
ceuz Maroz et Saingelais qui en meritent le nom: appellans
consequemment les œuvres de telz divins pöétes, pöémes,
carmes, et vers: Et laissans la tourbe ignare appeller les ignaves
et leurs œuvres, rymeurs et rymes. Ignaves dy-je et ignares
ensemble, qui jugent avec le peuple leur autheur les vers bons
et recevables, a la fin desquelz, apres dés moz temerairement
assembléz, comme buchettes en un fagot, y a deuz ou trois
lettres pareilles qui servent de riorte.

[pp. 19–20]

The criticism concerning confusion in terminology seems to be directed at most authors of *Arts de seconde rhétorique*.

An affinity between the effects of verse and music had already been indicated by Deschamps, Molinet and other fifteenth century writers as well as by G. du Pont. The idea was subsequently developed by the Pléiade theorists. See pp. 107, 127, 204–5.

The praise of Marot and Saint-Gelais is the first of many such passages, whilst the scornful rejection of *rymeurs* who place excessive emphasis on rhyme is even more pronounced than in *Au Lecteur*.

Chapitre III
De l'invention, premiere partie de Poesie

Le fondement et premiére partie du Pöéme ou carme, est l'invention. Et ne doit on trouver estrange si je donne en l'art pöétique les prémiéres parties a celle, laquéle les Rhetoriciens ont aussy nombrée première part de tout leur art. Car la Rhétorique est autant bien espandue par tout le poëme, comme par toute l'oraison. Et sont l'Orateur et le Poëte tant proches et conjoinz, que semblables et égauz en plusieurs choses, différent principalement en ce, que l'un est plus contraint de nombres que l'autre. Ce que Macrobe conferme en ses Saturnales, quand il revoque en doute, lequel a esté plus grand Rhetoricien, ou Virgile, ou Ciceron. Supposé donc que celuy qui se veut exercer en la Pöésie françoise, soit autrement bien versé et entendu en toutes les parties de Rhétorique, il doit toutesfois estre plus expert en l'invention, comme celle qu'il ha particuliérement plus commune avec l'Orateur: et de laquéle résulte toute l'élégance de son pöéme. Car aussy peu profite le vuide son vocables, soubz lesquelz n'y a rien de solide invention, comme le papier lavé de couleurs que légére mouilleure legérement efface. Pour cela disoit Horace n'estre pas assez que le vers ayt ses nombres et syllabes pour faire nommer son autheur pöéte: mais faut, disoit il, qu'il ayt entendement et esprit divin pour meriter l'honneur de ce nom: desirant par ces mos l'invention subtile au pöete, comme il a plus clérement exprimé incontinent aprés, disant en ce mesme lieu: N'y a ne véhémence d'esprit, ne force auz mos et auz choses, et ne sont differens lés vers (des mauvais pöetes entendoit-il) du langage vulgaire d'autre chose que de leurs nombres et leurs piedz. Mais la necessité et utilité de ce fondement est assez prouvée: reste cercher des pierres pour l'asseoir. Trouve donc le Pöete avant toute autre chose, qu'il puisse proprement dire et commodément adapter au subjét qu'il veut déduire en son Pöeme, tant soit grand, ou tant soit petit. Expliquer ce que je dy, par le menu, seroit de plus grand labeur et rétardation, que de plus apparent profit. Et quand tout est dit, entreprendre de le specifier, ne seroit autre que retixtre la toile de Pénélopé. Pource me contenteray d'estendre le doigt vers la fontaine, et dire que le premier point de l'invention se prend de la subtilité et sagacité de l'esprit: laquéle si Dieu a déniée a l'homme, pour neant se travaillera-il de dire ou faire en despit de Minerve: singuliérement en l'art de pöesie, que lon tient communément et bien, se parfaire plus de nature que d'art, jouxte la vulgaire sentence qui dit, Le Pöete naist, L'Orateur se fait. Et encor que Horace semble donner faculté égale a la nature et à l'art, et les requiére amiables conjurateurs a la perfection du pöete, si a-il pardevant asses evidemment montré qu'il se faut conseiller a sa nature comme premiere et principale maistresse. Et ce qu'il a egalé en cest endroit l'art a la nature, ne tend a autre fin qu'a retenir tant les rudes que les ingenieus en l'amour et suite de la pöesie: comme a fait Quintilian mesme, quand il a dit parlant de son art en ce propos, que l'un ne se povoit parfaire sans l'autre: donnant toutesfois plus a la nature qu'a l'artifice, comme veut la verité. Le surplus de l'invention qui consiste en l'art, prendra le pöete des Philosophes et Rheteurs qui en ont escrit livres propres et particuliers, comme celuy que j'ay devant supposé savant en l'art de Rhétorique. Si le vœil-je bien aviser que l'invention, et le jugement compris soubz elle se conferment et enrichissent par la lecture des bons et classiques pöetes françois comme sont entre les vieux Alain Chartier, et Jan de Meun: mais plus lui profiteront les jeunes comme imbus de la pure source françoise, esclercie par feu tresillustre et tréssavant Prince François Roy de France, vivant pére de son peuple, et des Pöetes françois, entre lesquelz lira la novice dés muses françoises, Marot, Saingelais, Salel, Heroet, Scéve, et telz autres bons espris, qui tous les jours se donnent et evertuent a l'exaltation de ceste françoise pöesie, pour ayder et roborer de leur invention et industrie son encor imbecille jugement: et autrement les suivre pas a pas comme l'enfant la nourrice, partout ou il vouldra cheminer par dedans le pré de Pöésie.

Et pource que la disposition ditte par le Grec, Economie, suit de prés ceste invention, et est necessaire au Pöete: il regardera aussy songneusement a joindre les unes choses auz autres proprement au progrés de son pöeme: et y mettre lés fins et lés commencemens tant bien-séans, qu'il ne soit repris comme le sot cousturier faisant le capuchon de la cappe du plus laid et mal uny endroit de la frize, et remplissant les quartiers de la robe noire, d'une pièce ou rouge ou verte. Le pourtrait aussy et exemplaire de ceste Economie se pourra-il proposer es oeuvres dés susdis Pöetes françois: mais encor pourra-il grandement locupléter et l'invention et l'économie, de la lecture et intelligence des plus nobles Pöetes Grecz et Latins: esquelz les plus braves pöetes de ce temps, s'ilz en fussent interrogez, avoueroient devoir la bonne part de leur style et éloquence: car, a vray dire, ceuz sont les Cynes, dés ailes desquelz se tirent les plumes dont on escrit proprement.

103/103   [pp. 21-8]

The opening lines of this chapter remind us that there remain strong links between Sebillet and the rhetorical tradition: *invention* is a term taken straight from rhetoric; the poet and the orator are closely linked ('semblables et egauz en plusieurs choses'), and only differ in that the poet works within more restricting regulations; the poet is recommended to study the works of rhetoricians.

Sebillet, like Du Bellay, Peletier and Ronsard later (see pp. 79, 145, 193) accords *invention* a vital role. In dealing with this topic he makes further comments, from a different angle of vision, on the relative importance of *nature* and *art*. For Sebillet, 'toute l'elegance' of the poem depends on *invention*; with it, a poet's verse differs from prose only in that it conforms to certain technical rules. *Invention* seems to be the means whereby the poet is divinely inspired. If God has denied this gift to a poet's nature, all the poet's technique (art) will be in vain.

Sebillet recalls that both Horace and Quintilian were of the opinion that *art* and *nature* needed to work harmoniously together if a poet were to achieve perfection. Significantly, however, Sebillet approves of Quintilian's judgment that *nature* was the more important.

The passage in which Sebillet recommends the apprentice poet to study French poets evoked hostile criticism from Du Bellay: see p. 83.

The treatment of *disposition* in a chapter devoted to *invention* seems difficult to justify if one admires well ordered presentation. This is not the only example in Sebillet and there are many more in Du Bellay's *Deffence*.

Chapitre IV
Du style du Poete: du chois et ordre dés Vocables, appellé en Latin, Elocution

Ce fondement jetté par l'invention, et le projét du tout le futur bastiment pris par l'economie, suit la queste des pierres ou briques pour l'élever et former. Celles sont les dictions, mos ou vocables: entre lesquelz a autant bien chois et élection,

c

comme entre lés choses, pour en rejetter lés mal convenantes et aptes, et retenir les propres et bienséantes. Encores icy recourrons nous a nos péres les Grecz et Latins, Rheteurs et Pöétes: qui enseignans l'usage dés mos, ont dit qu'il les faut prendre de la bouche de chacun, pource qu'il est le Monsieur, au gré duquel les plus huppéz s'esforcent escrire. Mais encor faut-il que le jugement s'y viéne méler: car tout chacun ne parle pas bien: et le chacun qui parle bien, ne parle toujours ne par tout, bien. Face donc le futur pöéte comme la mouche a mïel, qui tant qu'elle trove thym, ne s'assiét sur espine n'ortie: Ainsi tant qu'il trouvera mos dous et propres, ne se charge dés rudes et aspres: lesquelz, Ciceron autheur, faut éviter de mesme soin que le Pilote fuit le rocher en la mer. De telz, je dy dous et propres, trouvera-il foison et marché chéz Marot et Saingelais, les deuz singuliérement loués de douceur de style. Et tout ainsy que le futur Orateur profite en la leçon du Poéte: aussy le futur Poéte peut enrichir son style, et faire son champ autrement stérile, fertil, de la leçon des Historiens et Orateurs françois: Entre lesquelz il pourra choisir ceuz qui au jugement dés savans qu'il hantera, auront mieuz escrit.

[pp. 29–31]

Sebillet goes on to say that good translations assist in the 'illustration et augmentation de notre langue françoise' (p. 31); they are a help to the poet particularly in the case of neologisms. 'Cecy' in the short extract which follows refers to 'novation': the creation of new words.

Mais pource que lés préceptz appartenans a cecy, sont escriz au long dedans Quintilian, Ciceron et autres Rheteurs, je voeil seulement en cest endroit aviser le futur Pöéte, qu'il soit rare et avisé en la novation dés mos: et comme il est

contraint souvent en emprunter, pour, ainsy que dit Horace,
descouvrir par notes recentes lés secretz dés choses, aussy le
face il tant modéstement, et avec tel jugement, que l'aspreté
du mot nouveau n'égratigne et ride lés aureilles rondes.

39/70   [p. 32]

The chapter ends with an example of the dangers of
obscurity which are associated with the excessive use of
neologisms. The example quoted is the *Délie* of Scève.[3]

The only practical advice given to support the general exhortation
to seek out words which are 'propres et bienseantes' and to shun
those which are not, is that the poet should follow the example of
the classics, whether they be rhetoricians or poets. There is a hint
of a criterion in the adjectives 'dous' and 'propres', which are used
favourably; 'rudes' and 'aspres' are used pejoratively. This hint
is reinforced by praise of Marot's and of Saint-Gelais' 'douceur de
style'.
    There is little difference between Sebillet's recommendations on
neologisms and Du Bellay's; both are more cautious than Peletier.
See pp. 104–6, 151–4.

Chapitre V
De la diverse forme, mesures et nombres de syllabes requises au
carme François

Neuf sortes de vers Francois—Ces pierres donc approchées prés
ce tant seur fondement de bastiment, quéle en restera la
forme? Diverse, selon l'entreprise de l'œuvre, et la commodité

3 Modern criticism, while not under-estimating the difficulty of some
  aspects of Scève, does not support the contention that he was excessive in his use of neologisms: see, for example, Weber, H., *Le
  langage poétique de Maurice Scève dans la 'Délie'*, Florence, 1948, p. 11,
  and McFarlane, I., *The 'Délie' of Maurice Scève*, Cambridge University Press, 1966, p. 49.

de l'assiette. Pourtant voions maintenant quéles mesures et quélz nombres de syllabes reçoit le carme françois, et comment il lés varie. Or sont icy les François beaucoup soulagéz au régard dés Grecz et Latins. Car ilz ne sont point astrains a certain nombre de piedz, ne a reglée espace de temps longs ou briefz auz syllabes, comme sont les Grecz et Latins, ains seulement mesurent leurs carmes par nombre de syllabes selon le plus ou le moins ainsy que la nature du vers le requiert. Et pource que ce nombre de syllabes plus grand ou moindre y eschet différemment, note sur ce point, Lecteur, que lés vers plus communément usurpez en François sont de neuf sortes.

[p. 34]

Sebillet then treats each of the various types of line. He begins with the two syllable line and then works through the three, four, five, six, seven, eight and nine syllable lines giving an example in each case. The examples are taken exclusively from Marot and Saint-Gelais. There is little in the way of comment; each section consists simply of two or three lines of text (which do no more than name the type of line and give the source of the example) plus the quotation.

The following extract, which is perhaps untypical, does contain some comment. It completes the chapter.

8. De dis syllabes: quelz sont les métres de cest epitaphe de feu Monsieur de Bourbon escrit par Marot.

Dedans le clos de ce seul tombeau cy
Gyt un vainqueur, et un vaincu aussy:
Et si n'y a qu'un corps tant seulement.
   Or esbahyr ne s'en faut nullement:
Car ce corps mort, du temps qu'il a vescu,
Vainquyt pour autre, et pour soy fut vaincu.

Ceste espece est encor plus frequente que la précedente,

comme trouveras revolvant les bons Pöetes. Et a vray dire
cés deus derniéres especes, sont lés premiéres, principales, et
plus usitées: pource que l'une sert au François de ce que sert
au Latin le vers Elegïaque: et l'autre s'accommode par luy a
ce que le Latin escrit en carme Heroïque.

9. *Vers Alexandrins*—De douze syllabes: qui sont appellez
vers Alexandrins, pource qu'on tient que l'histoire d'Alex-
andre le grand a esté premiérement escrite en semblables vers.

> Then follows an eight line epigram after two or three lines
> explaining that it was addressed to Francis I and was taken
> from Marot's first book of epigrams.

Ceste espece est moins frequente que les autres deus pre-
cedentes, et ne se peut proprement appliquer qu'a choses fort
graves, comme aussi au pois de l'aureille se trouve pesante.
Si en a usé Marot parfois en épigrammes et épitaphes. Lés
autres especes de set syllabes et au dessoubz sont plus propres:
aussi lés trouveras tu plus souvent accommodées a escrire
chansons, odes, psalmes et Cantiques, qu'a autres sortes de
pöémes. Et si par fortune tu lés trouves adaptées ailleurs,
comme en Marot par fois en épistres, épitaphes et épigrammes,
tu jugeras de là, que l'éspéce du carme n'empesche point le
Pöéme autrement bien fait de rencontrer faveur et applaudis-
sement.

42/82   [pp. 39–41]

Sebillet's critical comments are limited to the appropriateness of
each form to different types of subject matter. The decasyllable is
still the *vers héroïque*; for the views of Peletier and Ronsard on the
relative importance of the decasyllable and the alexandrine see
pp. 164, 202.

Gaiffe sums up Sebillet's views as follows: 'La théorie de Sebillet
peut se résumer ainsi: l'alexandrin doit être réservé aux matières

les plus graves: le vers de dix syllabes convient au poème épique et aux épîtres, épigrammes, etc.; celles-ci peuvent aussi être traitées en octosyllabes, surtout quand le sujet en est léger; car le "vers de huit syllabes est né seulement pour choses légéres et plaisantes" (IIe partie, ch. 4). Quant aux vers plus courts, ils doivent être réservés aux pièces destinées à être chantées, sans que cette règle donne lieu à un respect superstitieux (cf IIe partie, ch. 7, *in fine*).' (p. 41, n. 1).

Chapitre VI
De la couppe fémenine et en quelz vers elle est observée. Du different usage de l'é masculin et fémenin, et de l'élision de l'é fémenin par l'apostrophe

Voila l'apprenty tout prest a bien faire un carme François, si quelque difficulté que je luy vœil maintenant déclarer, ne l'en retarde. Car cest é vulgairement appellé fémenin, est aussi fascheus a gouverner qu'une femme, de laquéle il retient le nom. Mais quel é s'appelle masculin, et quel fémenin? Tu n'avois que faire de me le demander, car j'estoie tout prest a te dire que l'é masculin est celuy qui ha plein son de l'é, et emplit la bouche en prononçant, de mesme sorte que lés autres quatre voiéles, a, i, o, u: comme je te vay montrer en cés deus vers de Marot,

> *Cy est le corps Jane Bonté, bouté:*
> *L'esprit au ciel est par bonté monté.*

E masculin—En cés motz derniers, bonté, bouté: bonté, monté: l'é faisant la fin du mot et de la syllabe, ha le son plein et fort comme l'é Latin, quand tu dis: *Domine, ne:* . . .

[*Omission of four lines from text*]

Et pourtant estil appellé masculin, a cause de sa force, et ne say quéle virilité qu'il ha plus que le fémenin. Et se signe par

le bon orthographe François d'un accent grave, ainsi, è:
bontè, montè: ou ainsi, é: pitié, moitié.

[Omission of four lines from text]

E fémenin—L'é fémenin se congnoistra plus aisément conféré
avecques son masle: car il n'ha que demy son, et est autrement
tant mol et imbécille, que se trouvant en fin de mot et de
syllabe, tombe tout plat, et ne touche que peu l'aureille,
comme tu peus entendre prononçant le suivant epigramme de
Marot, lequel je t'ay mis icy exprés, pource que tous lés vers
ont en la derniére syllabe é masculin ou fémenin: qui te fera
plus facilement discerner le divers son de l'un et de l'autre.

> *Quand j'escriroy que je t'ay bien aimée,*
> *Et que tu m'as sur tous autres aimé:*
> *Tu n'en serois femme desestimée,*
> *Tant peu me sen homme deséstimé.*

[Omission of four lines from quotation]

*Syllabe fémenine abondante en fin de vers. E demourant fémenin
joint avec, s, et nt.* Prononçant, aimée, desestimée, tu sens bien
le plein son du premier é masculin en la syllabe, mé: et le mol
et flac son du second é fémenin en la syllabe derniére, e:
Lequel (fémenin dy-je, duquel je te vay declarer lés lunes et
éclipses fémenines) tombant en la fin du vers, comme je t'ay
commencé à toucher au chapitre précédent, le fait plus long
d'une syllabe n'estant pour rien contée, non plus que lés
femmes en guerres et autres importans affaires, pour la
mollesse de cest é fémenin. Ce que n'avient pas seulement
quand il se trouve seul, mais aussi quand il tombe en fin de
vers avecques, s: comme és pluriers, testes, bestes: ou avecques,
nt, comme és pluriers, battent, crient. Car encor que cest é
fémenin soit accompaigné, il est neantmoins tant éfféminé,

qu'il ne peut oublier sa mollesse, comme tu peus veoir en cest épigramme de Marot.

[pp. 42–5]

Sebillet then quotes a ten line epigram. This is followed by an explanation of how, after the diphthong 'oi', the 'e' in the ending 'ent' can be regarded as losing its 'feminine' qualities in the preterite and imperfect tenses (e.g. 'disoient') or as retaining them if the 'ent' forms a separate syllable as in the present tense ('voient', 'croient').

Régle a noter—Et pour te faire plus seur de ceste difference de, oïent, de deus syllabes, et oient, d'une syllabe, tien pour régle que les prétéris imparfais de l'indicatif, comme, battoient, couroient, véoient, et ceus qui sentent leur nature, comme lés preteris aussi imparfais dés optatif et conjunctif, et lés dictions, soient et avoient, lesquéles tu trouves souvent en la périphrase dés autres temps, ont le, oient, d'une syllabe, ou l'é n'est tenu pour fémenin. Encor si tu y avises de prés, tu verras beaucoup de gens lés prononcer et escrire sans é, comme disoint, soint, avoint, couroint: l'opinion desquels n'est sans grande apparence de raison. Car il semble puis qu'au singulier disoit, soit, avoit, couroit, n'y a point d'é: aussi n'y en doit il avoir au plurier.

Elision d'é fémenin par apostrophe—Mais suivons propos de cest é fémenin, qui par sa mollesse endure encor autre éclipse. Car quand il se rencontre en la fin d'un mot escrit au mylieu du vers, et le vocable suivant commence a une voiéle, le plus souvent se perd et menge soubz le son de la voiéle suivante, tant en escrivant qu'en prononçant, comme en ceste chanson de Marot:

J'ay grand desir
D'avoir plaisir

D'amour mondaine:
Mais c'est grand peine,
Car chacun loial amoureus
Au temps present est malheureus:
Et le plus fin
Gaigne a la fin
La grace pleine.

[pp. 46–8]

A section on *Apostrophe* follows. Sebillet devotes only
twelve lines to it here, as he returns to the same topic later.
His examples ('J'ay' for 'Je ay', 'D'avoir' for 'De avoir', etc)
are taken from the Marot poem quoted in the previous extract.

Couppe fémenine—Mais je vœil suivre d'un train tout ce
qu'appartient a cest é fémenin, lequel a cause de l'apostrophe
est auteur de ce qu'on appelle en Pöésie Françoise, Couppe
fémenine. Pour laquéle entendre brevement tu dois noter que
la couppe fémenine se fait seulement et observe és deus
derniéres sortes de vers qu'avons aussi derniérement nom-
brées au chapitre précédent, c'est a dire és vers de dis syllabes,
surnomméz, Héroïques, et és vers de douze syllabes appelléz,
Alexandrins. Ce retenu, avise que la couppe fémenine se fait
au vers de dix syllabes, quand en la cinquiéme syllabe en fin
de mot y eschet é fémenin: car avenant ce, faut que la siziéme
syllabe commence d'une voiéle, soubz laquéle cest é fémenin
soit élidé et mengé par apostrophe: comme plus clérement te
fera entendre l'exemple aus trois prémiers vers de cest
épigramme de Marot,

Bien soit venue auprés de pére et mére,
Leur fille unique, et le chéf d'œuvre d'eus:
Elle nous trouve en douleur trop amére

[Omission of seven lines from quotation]

Tu vois aus trois premiers vers en cés mos, venu¢, uniqu¢, trouv¢, la cinquiéme syllabe terminée en é fémenin élidé par apostrophe, suivant au mot prochain la voiéle premiére: et ainsi synaléphant cest é, trouveras le carme de diz syllabes ou d'unze seulement, suivant la régle dont je t'ay devant averty, qui autrement en auroit unze ou douze.

Pareillement au vers Alexandrin, ou de douze syllabes, se fait la couppe fémenine, quant en la settiéme syllabe en fin de mot éschet l'é fémenin, lequel ainsi comme en l'héroïque, faut soit elidé par synaléphe, commençant le mot suivant d'une voiéle, comme és deuz premiers vers de cest épitaphe d'Héléne de Boisy fait par Marot:

Ne say ou gyt Hélén¢ en qui beauté gisoit:
Mais icy gyt Hélén¢ ou bonté reluisoit,

[Omission of six lines from quotation]

Tu vois és deuz premiers vers en la derniére syllabe du mot, Hélén¢, cest é fémenin tombant en settiéme syllabe, synaléphé, et perdu en prononçant soubz la voiéle suivante, qui fait que le vers ne reste que de douze ou tréze syllabes, qui autrement en auroit tréze ou quatorze. Pourtant s'appelle couppe fémenine, a cause que cest é fémenin est couppé: et de là est que le bien escrivant en François le figure ainsi couppé ¢.

Or entens tu que c'est couppe fémenine, et l'entendras mieuz si tu notes encor qu'il te faut bien garder de faire tomber cest é fémenin en quattriéme syllabe au carme héroïque: et en siziéme au vers Alexandrin. Car la synaléphe ne se pourroit bien faire: et si elle ne se faisoit, le vers bailleroit, et ne seroit bien plein: comme tu peuz juger au son de l'aureille, si tu disois en heroïque:

Qui dieu aime, et son commandement

ou en Alexandrin:

Amour me fait vivre, et ta rigueur mourir.

En cés deuz vers mauvais, tu congnois en l'hémistiche ou se
commet la couppe fémenine, je ne say quel son rompu, qui
ne touche point pleinement ton aureille, soit que tu synaléphes
l'é, soit que tu le laisses entier. Toutesfois pourras-tu bien
laisser l'é fémenin en quatriéme syllabe au carme héroïque,
et en siziéme en l'Alexandrin, pourveu que ceste quattriéme
ou siziéme syllabe soit incontinent suivie d'un monosyllabe
commençant d'une voiéle soubz laquéle cest é soit synaléphé,
comme disant Heröét et son Androgyne:

Puisque l'amę est en ce corps descendue,

et en ce carme Alexandrin:

Tout ce que naturę a formé et composé.

[pp. 48–53]

The following section is *E demourant masculin devant nt.*
Sebillet deals with various further difficulties a poet must
look out for in decasyllables and alexandrines; they are all
examples in which the 'couppe femenine' is not applicable.
The section ends as in the extract below:

Voila tout ce que je te puy dire de la couppe fémenine,
laquéle non observée dés anciens, ne de Marot en son jeune
eage, (comme il t'avertyt mesmes en une epitre liminaire
imprimée devant ses œuvres) toutesfois est aujourd'huy
gardé inviolablement par tous les bons Pöétes de ce temps:
et la doit estre par toy, ne fut que pour eviter le son absurde,
pour lequel sont moins prisés aujourd'huy aucuns Pöétes qui
ne l'observent: bien que autrement soient loués de leur
composition.

[pp. 54–5]

Synaléphe.—Difference de apostophe et synaléphe. In this next section Sebillet returns to *apostrophe*, as he had promised. He gives further examples (e.g. 'l'honneur' for 'le honneur') and distinguishes *apostrophe* from *synaléphe*. Whereas the sign ' is substituted for a letter or letters in a case of *apostrophe* ('m'amour' for 'mon amour'), *synalephe* can occur only with the omission of an 'e': 'il se couppe ainsi, ¢, comme j'ay prédit, en signe qu'il faut laisser, et menger soubz la voiéle suivante en prononcant, comme quand tu dis:

> *M'amie un our le dieu Mars desarma,*
> *Comme il dormoit soubz la verte ramée.*' (p. 56)

Apostrophe pour Syncope is the title of the next section. Sebillet first defines *apocope* by referring to some examples he had given in the previous section as examples of *apostrophe*: e.g. 'la femme courant' ' for 'la femme courante'. He defines *syncope* as a special use of *apostrophe* in the middle of a word such as *pay'ras* for *payeras*, or *lour'ras* for *loueras*. This section ends the chapter.

The painstakingly detailed technical nature of most of this chapter is an example of Sebillet's links with earlier *Arts de seconde rhétorique*. Some of the material, indeed, seems more appropriate to a grammar work than to an *Art poétique*.

Chapitre VII
De la Ryme, et ses differences et divers usages

L'Ordre de notre projet requiert que maintenant parlions de la ryme: car pour neant aurons-nous evité les fautes qui eschéent le long du vers, si nous faillons a la fin en ce que je t'ay dit cy devant, touchoit plus promptement l'aureille. C'est la ryme, et par la ryme j'enten ceste resemblance de syllabes qui tombe en la fin du carme François, comme tu as ja entendu. Ceste ryme donc en tant que touche sa sustance, est de cinq sortes ou espéces premiéres et principales.

Cinq sortes de ryme—1. La premiére s'appelle, Equivoque, et se fait quant lés deus, lés trois, ou lés quattre syllabes d'une seule diction assise en la fin d'un vers, sont répetées au carme symbolisant, mais en plusieurs mos répetées dy-je ou simple-ment de mesme son ou seulement de mesme orthographe, ou de mesme son et de mesme orthographe ensemble, comme tu peus voir tout au long de ceste epistre de Marot au Roy.

> *En m'esbatant je-fay rondeaux en ryme*
> *Et en rymant bien souvent je m'enryme*
> *Bref, c'est pitié d'entre nous rymailleurs,*
> *Car vous trouvéz asséz de ryme ailleurs*
> *Et quand vous plaist, mieux que moy rimasséz:*
> *Des biens avés et de la ryme asséz:*

[Omission of twenty lines from quotation]

Ceste espéce de ryme en équivoque (laquéle tu trouveras souvent ailleurs en Marot, et télz faméz Pöetes) comme elle est la plus difficile, aussy est elle moins usitée: et ne laisse pourtant a estre la plus élegante, comme celle qui fait cest unison et resemblance plus égale et de ce plus poignante l'ouye.

2. La seconde espéce de ryme est appellée, riche, a cause de son abondance et plenitude: et est celle de deuz ou plusieurs syllabes toutes pareilles, mais en divers mos: comme en cest épigramme de M. Scéve.

> *Pour émouvoir le pur de la pensée*
> *Et l'humble aussy de chaste affection*
> *Voie tés fais, O Dame dispensée*
> *A estre loin d'humaine infection:*

[Omission of six lines from quotation]

Ceste sorte de ryme est souvent usurpée de Marot, Sain-gelais, Salel, Héroet, Scéve: comme tu cognoistras lisant leurs œuvres. Aussy la dois tu tenir et observer en composant le plus prés que tu pourras, comme la plus riche et plus gracieuse aprés l'Equivoque.

3. *Note*—La tierce espéce est celle qui n'ha que syllabe et demie de resemblance. Resemblance dy-je ou d'orthographe, ou de son. Car en toutes sortes de ryme on s'arreste plus à la parité du son qu'a la similitude de l'orthographe: pource que la fin de la ryme est le plaisir da l'aureille.
Tu as exemple de ceste espéce en l'estréne de Marot a Saintam.

> *De responce bien certaine,*
>   *Et soudaine,*
> *Vous donne le doctrinal*
> *Pour respondre au Cardinal*
>   *De Lorraine.*

Qu'est demie syllabe en ryme—Tu vois tous lés derniers mos dés vers ne se sembler que de syllabe et demie. Mais avise que j'appelle demie syllabe, non la juste moitié de toutes lés lettres constituantes la syllabe, ains partie de la syllabe ou plus grande ou moindre: en sorte que disant demie syllabe, j'enten toute portion de la syllabe divisée, et non entiére. Ceste espéce est bien receue et en masculine terminaison, et en féminine: fors quant l'é fémenin fait a la fin du carme et du mot syllabe par soy: Car lors la ryme n'est receue auz doctes aureilles, si elle n'ha deuz syllabes pareilles pour le moins: comme pensée, contre, année, ou montrée: envie, contre unie ou transie, ne seroient receues pour bonnes rymes.

4. La quart espéce de ryme est d'une syllabe seule: comme en l'estréne de Marot a Bie.

> Tés graces en fait et dit
> > Ont credit
> De plaire Dieu sayt combien:
> Ceuz qui s'y congnoissent bien,
> > Le m'ont dit.

Tu vois tous lés vers symbolisans ne se resembler en fin que d'une syllabe seule.

Ceste espéce de ryme est receue auz masculins, et y est approvée pour bonne: mais auz fémenins elle ne vaudroit rien. Car puissance contre force, possible contre agreable, demeure contre légére, et telz fémenins symbolisans seulement d'une syllabe, tu ne liras en autheur prouvé.

5. La cinquiéme et derniére espéce de ryme, est de demie syllabe: et est appellée pauvre, a cause de son indigence et imbécillité. Tu en has exemple en une balade de Marot, du jour de Nöel.

> Or ést Noël venu son petit trac:
> Sus donc auz champs Bergéres de respec:
> Prenons chacun panetiére et bisac,
> Flute, flageol, cornemuse, et rebec,
> Orés n'est pas temps de clorre le bec,
> Chantons, sautons, et dansons ric a ric,
> Puis allons voir l'enfant au pauvre nic
> Tant exalté d'Helie aussy d'Enoc,
> Et adoré de maint grand Roy et Duc,
> S'on nous dit nac, il faudra dire noc:
> Chantons Noël tant au soir qu'au deiuc.

Tu vois par tout ce couplet et lés autres suivans, que tu pourras voir en Marot, la pluspart dés vers ne se resembler que d'une syllabe demie seulement.

Ceste espéce est comme la precedente excusée aux masculins, singuliérement ceus contre lesquelz est malaisé de trouver dictions symbolisantes d'une entiére syllabe. Encor y a il dés Pöetes tant superstitieuz, qu'ilz font difficulté et conscience d'user de téle ryme, et évitent de mettre en fin de vers telz mos tant fascheuz a marier. Tu en pourras toutesfois user apres Marot, Saingelais, Salel, Héröet, et tous lés Pöetes savans, és monosyllabes nomméement, comme bien, rien, sien, tien, mien, mot, sot, et telz dont ilz auront usé, ou que tu verras suivant l'analogie, télz, qu'ilz en eussent usé si besoin en eust esté ou le cas y fut escheu.

La ryme Goret.—En ces cinq espéces de ryme je te pense avoir montré la meilleure part de ce qu'il s'en peut dire: car ce que lés resveurs du temps passé ont appellé, la ryme Goret, et j'appelle, ryme de village ne merite d'estre nombrée entre les espéces de ryme, non plus qu'elle est usurpée entre gens d'esperit.

Qu'est usage de ryme—Ryme platte—Reste a t'aviser dés usages de ces espéces pour te faire rymer seurement. Desquelz quand je t'auray déclaré deuz principaus, et touché en passant quelque peu dés autres, tu ne pourras que t'en bien ayder. Enten donc qu'icy j'appelle l'usage de ryme, l'ordre et situation dés vers symbolisans: Qui fait par fois qu'ilz soient tous suivans l'un l'autre sans moien: et est ce que lés anciens ont appellé Ryme platte: qui est la plus commune et la premiére trouvée. Tu en has exemple tout au long des deus livres de la Metamorphose d'Ovide tournéz par Marot: et, a fin que tu ne désires exemple present, en cés sis vers de luy:

> *Cy git envers la chair de Charmolue.*
> *De terre vint, la terre la voulue:*
> *Quant à l'esprit qui du ciel est venu,*
> *Seigneurs passans, croyés qu'il n'a tenu*
> *A estre bon, et de vertus orné,*
> *Que d'ou il vint, il ne soit retourné.*

Aucunesfois aussy lés vers ne se suivent pas symbolisans l'un incontinent aprés l'autre, ains sont croiséz, en sorte que le premier fraternise avec le tiers, et le second avec le quart: comme en cest épigramme de Marot:

> *Veus tu savoir a quelle fin*
> *Je t'ay mis hors dés œuvres miennes,*
> *Je l'ay fait tout exprés, affin*
> *Que tu me mettes hors dés tiennes.*

Ryme croisée—Ceste ryme s'appelle, croisée, pource que lés vers y sont divisés par un entredeus comme les branches d'une crois. Et est usitée coustumiérement és épigrammes et autres sortes de pöémes, comme plus a plain entendras au second livre, ou je te montreray plus au long la diverse forme de cés usages.

Il y a maintes autres maniéres de situer et varier lés vers fraternizans, toutes resultantes de cés deus: lesquéles pource qu'elles n'ont appellation certaine, et qu'elles consistent toutes en l'arbitre du Poéte, je ne suis point délibéré te specifier et declarer singuliérement, pource que seroit œuvre long pour moy, et inutile pour toy. Te suffise donc d'aller voir auz Psalms, chansons et estrénes de Marot ces variétéz de cés usages, pour lés suivre, ou en innover aprés elles, en sorte que l'analogie y soit toujours gardée, et qu'il n'y ait ryme sans raison.

Simple bien rymé contre son composé—Avise toy ce pendant que tu peus rymer bien et deuement le simple contre le composé, combien que aucuns vœillent soutenir le contraire, mais sans apparence de raison. Car je ne voy point pourquoy on puisse appeler mauvaise ryme, faire, contre refaire: mettre, contre permettre: dire, contre mesdire: assembler, contre desassembler, joindre, contre conjoindre: et téle ryme a proportion pareille: attendu nomméement que Marot, Saingelais, Salel,

D

Héröet, Scéve, et tous lés savans et famés Pöétes de ce temps en usent ordinairement et sans scrupule. Mais aussy regarde bien que tu ne tombes de là en une faute, qui est de mettre un mot rymant contre soy mesme: si d'adventure n'estoit diversifié par signification, ou partie d'oraison, comme si l'un fut nom, l'autre verbe ou adverbe, toutesfois soubs une mesme vois: exemple du premier en ce quatrain de Marot a Abel.

> *Poétiser trop mieus que moy savéz,*
> *Et pour certain meilleure grace avéz*
> *A ce que voy que n'ont plusieurs et mains*
> *Qui pour cest art mettent la plume és mains.*

Tu vois, mains, rymé contre mains, mais en diverse signification. Exemple du second en cest Epigramme de Marot à Anne.

> *. . . Car heureus est qui souffre pour tel bien.*
> *Donques celuy que tu aimerois bièn. . . .*

[These are lines 6 and 7 of a ten line quotation]

Tu vois, bien rymé contre bièn, mais le premier est nom, et le second adverbe: et estre aussy rymé contre estre, mais le premier est nom et le second verbe. Pren donc bien garde que tu n'encoures en ce vice de ryme de mot mesme en tout et par tout se resemblant.

155/158   [pp. 61–72]

Sebillet's classification of rhymes is better ordered than the haphazard descriptions one finds in the *Arts de seconde rhétorique*. It is worth noting, however, that he shares the preference of his predecessors: he begins with the richest, the *rime en équivoque*, which he describes as 'la plus élegante', although he adds that since it is 'la plus difficile' it is also 'la moins usitée'. Later theoreticians will express different views; see pp. 111, 162, 199.

Although Sebillet deals with *ryme platte* and *ryme croisée* in this chapter, *ryme meslée* (*rime embrassée* in modern terminology) is treated in Book II, Chapter I.

There is no mention here of the alternation of masculine and feminine rhymes which, in various ways, was referred to in earlier *Arts de seconde rhétorique*, particularly in *l'Art et Science de Rhétorique vulgaire*, pp. 280, 281, 284, 286, 288, 313.

Chapter VIII is entitled *Dés Diphthonges usurpées au langage François, et de leurs usages*. No quotations are given from this chapter, since its interest is phonetic rather than poetic. The poetic interest is limited to the question of syllable count and to some remarks indicating Sebillet's approval of a poet rhyming a diphthong with a single letter having the same sound. The chapter is an example of the pedestrian nature of parts of Sebillet's treatise.

Chapter IX is entitled *De la differente prolation de c, et g, et du plus receu usage dés verbes François*. Again the subject matter seems out of place in an *Art poétique*. (Sebillet himself says, 'Je n'entreray point plus avant en ce propos, de peur que je ne te semble enseigner plus la grammaire que l'art Pöétique.') The first and shorter part of the chapter deals with the different pronunciations of 'c' and 'g' in front of 'a' and 'o'. The second part gives advice on how to make the correct form of verbs in various conjugations and in various tenses. Sebillet's justification was that many of the forms at that time were in a state of flux and he wished to help his apprentice poet avoid mistakes which would ruin the effect of his work. In the final paragraph Sebillet states his position on the question of spelling, which was hotly debated in the sixteenth century: briefly, he is in favour of simplification by the suppression of unpronounced letters.

Sebillet explains that he has instructed the young poet in the elements of his art; he is now capable of putting some ten or twelve lines together. Like an aspiring army captain, however, he needs to learn about his squadrons and battalions. This will be the next task.

Car je m'en vay te montrer en ce second livre toutes lés formes et differences dés Poëmes usurpées en l'art Poétique François, et au passé, et au présent: a fin qu'entendant quéle matiére se traite mieus en cestuy cy, ou en cestuy la, et quéle forme de ryme y est plus souvent et plus proprement usurpée, tu n'ays rien que souhaitter pour t'eslever a la perfection du Pöéte.

8/26 [pp. 101–2]

It is important to notice that Sebillet says that the types of poem he is going to deal with are not necessarily all in use in 1548; they belong 'et au passé, et au présent'.

Chapitre I
De l'Epigramme, et de sés usages et differences

Qu'est epigramme—Je commenceray a l'Epigramme comme le plus petit et premier œuvre de Pöésie: et duquel bonne part dés autres soustenue rend tesmoignage de sa perfection et élègance. Or appelle-je Epigramme, ce que le Grec et le Latin ont nommé de ce mesme nom, c'estadire, Pöéme de tant peu de vers qu'en requiert le titre ou superscription d'œuvre que ce soit, comme porte l'étymologie du mot, et l'usage premier de l'épigramme, qui fut en Gréce et Italie premiérement approprié aus bastimens et edifices, ou pour mémoire de l'auteur d'iceus, ou pour merque d'acte glorieus fait par luy. Et ne devoit plus contenir de vers qu'il s'en

pouvoit escrire dessus un portail dedans la frise enfoncée entre
l'architrave et la corniche prominentes par dessus lés chapi-
teauz dés Colomnes. Pourtant tiennent encores lés Latins
Pöétes leur distique pour souverain épigramme. Mais pource
que tout ce qu'on peut escrire en épigramme, ne s'est peu
toujours comprendre en deuz vers, lés Grecz et Latins
premiers, et nous François aprés euz, n'avons limité aucun
nombre de vers pour l'épigramme: mais le alongeons tant que
le requiert la matiére prise. Et de là est-ce que entre lés
épitaphes (qui ne sont autres qu'inscriptions de tombes, ou
épigrammes sépulchrauz) escris en Marot, en trouvons de
longs jusques a 30. ou 40. vers. Tu dois neantmoins penser
que les épigrammes qui ont plus de vers, sont ceus aussy qui
ont moins de grace. Pource réguliérement lés bons Pöétes
François n'excedent le nombre de douze vers en épigramme:
aussy en font ilz de tous lés nombres qui sont depuis douze
jusques a deuz: Au dessoubz desquelz ryme ne peut consister
en unité, pour raison que la parité de la ryme requiert estre
couplée.

[pp. 103–5]

Sebillet then comments on the various types of epigram,
classifying them according to the number of lines. He
either gives examples (mainly taken from Marot) or comments on epigrams varying in length from two to twelve
lines. He also adds remarks on the rhyme scheme. It is in
connection with the four line epigram that Sebillet deals
with the *ryme meslée*.

Quelz vers sont plus receus en l'epigramme—Quant a l'espéce
dés vers propres pour l'épigramme, le huitain et le dizain plus
parfais et usités entre lés autres, se trouvent plus dous et meilleurs
de vers de huit et de dis syllabes: de huit aus matiéres plus

légéres et plaisantes: de dis auz plus graves et sententieuses.

S'il s'en trouve de plus petis vers, ilz ne sont pas a rejetter pour cela, car je t'ay ja avisé que l'espéce du carme ne diminue ny augmente gueres la grace du pöéme du quel l'invention et élocution sont autrement ingenieuses. Tu trouveras aussy dés épigrammes fais en vers Alexandrins, mais en ryme platte, et sans observation du nombre dés vers suivant la liberté d'icelle.

Sus tout, sois en l'épigramme le plus fluide que tu pourras, et estudie à ce que lés deuz vers derniers soient agus en conclusion: car en cés deuz consiste la louenge de l'épigramme. Et est l'esperit de l'épigramme tel, que par luy le Pöéte rencontre le plus ou le moins de faveur: tesmoins Marot et Saingelais, singuliérement recommandés auz compaignies dés savans pour le sel de leurs épigrammes.

57/151   [pp. 113–14]

The *Arts de seconde rhétorique* made no mention of the epigram. This chapter gave rise to much subsequent comment by Du Bellay, by *le Quintil* and by Peletier. See pp. 99–102, 166.

Chapitre II
Du Sonnet

Qu'est Sonnet—Le Sonnet suit l'épigramme de bien prés, et de matiére, et de mesure: Et quant tout est dit, Sonnet n'est autre chose que le parfait epigramme de l'Italien, comme le dizain du François. Mais pource qu'il est emprunté par nous de l'Italien, et qu'il ha la forme autre que nos épigrammes, m'a semblé meilleur le traiter a part.

Matiére de Sonnet—Or pour en entendre l'energie, sache que la matiére de l'épigramme et la matiére du Sonnet sont toutes unes, fors que la matiére facécieuse est repugnante a la gravité du sonnet, qui reçoit plus proprement affections et passions gréves, mesmes chés le prince dés Poétes Italiens, duquel l'archétype dés Sonnetz a esté tiré.

Qu'est uniformité en Ryme—La structure en est un peu facheuse: mais téle que de quatorze vers perpetuelz au Sonnet, les huit premiers sont divisez en deux quatrains uniformes, c'est a dire, en tout se resemblans de ryme: et lés vers de chaque quatrain sont télement assis que le premier symbolisant avec le dernier, lés deuz du mylieu demeurent joins de ryme platte. Les sis derniers sont sugetz a diverse assiette: mais plussouvent lés deuz premiers de cés sis fraternizent en ryme platte. Lés 4. et 5. fraternizent aussy en ryme platte, mais differente de celle dés deuz premiers: et le tiers et siziéme symbolisent aussy en toute diverse ryme dés quatre autres: comme tu peus voir en ce Sonnet de Marot.

> *Au ciel n'y a ne Planette ne signe,*
> *Qui si a point sceut gouverner l'année,*
> *Comme est Lïon la cité gouvernée*
> *Par toy, Trivulse, homme cler et insigne.*
>   *Cela disons pour ta vertu condigne:*
> *Et pour la joie entre nous demenée,*
> *Dont tu nous a la liberté donnée:*
> *La liberté dés thresors le plus digne.*
>   *Heureus vieillard, cés gros tabours tonans,*
> *Le may planté, et les fifres sonans*
> *En vont louant toy, et ta noble race:*
>   *Or pense donc que sont noz voluntéz*
> *Veu qu'il n'est rien jusqu'auz arbres plantéz*
> *Qui ne t'en loue, et ne t'en rende grace.*

Autrement cés sis derniers vers se varient en toutes lés sortes que permettent analogie et raison, comme tu verras en lisant lés Sonnetz fais par les savans Pöetes plus clérement que regle ne moy ne te pourrions montrer.

Quelz vers requiert le Sonnet—Tant y a que le Sonnet aujourd'-
huy est fort usité, et bien receu pour sa nouveauté et sa grace:
et n'admet suivant son pois autres vers que de dis syllabes.

37/37   [pp. 115—18]

This is the first *Art poétique* to deal with the sonnet. Du Bellay was
not over-pleased to see Sebillet steal his thunder in this matter.
For subsequent comments on the sonnet see pp. 100, 166.

Chapitre III
Du Rondeau et ses differences

This chapter begins with a section devoted to Sebillet's
(false) explanation of the etymology of the word *rondeau*.
Then follows:

Matiére de Rondeau—Car pource que la matiére du Rondeau
n'est autre que du sonnet ou épigramme, lés Pöétes de ce
temps lés plus frians ont quitté lés Rondeaus a l'antiquité,
pour s'arrester aus Epigrammes et Sonnetz, Pöémes de premier
pris entre lés petis. Et de fait tu lis peu de Rondeaus de
Saingelais, Sceve, Salel, Héröet: et ceus de Marot sont plus
exercices de jeunesse fondés sur l'imitation de son pere,
qu'œuvres de téle estofe que sont ceus de son plus grand eage:
par la maturité duquel tu trouveras peu de rondeaus creus
dedans son jardin. Toutesfois pour honnorer l'antiquité, et
n'ignorer l'usage du Rondeau, quand tu le liras, ou prendras
envie d'en faire, enten qu'il s'en fait de quatre sortes.

[p. 120]

Sebillet goes on to deal with the four types of *rondeau*:
*Premier triolet, Rondeau simple, Rondeau double, Rondeau
redoublé ou parfait*. He gives a detailed technical description

and illustrations—all except one by Marot. The decasyllable
is most normal for the *rondeau double* because of its 'gravité',
whereas the octosyllable, because of its 'légéreté', is more
normal for the *rondeau simple*.

La vertu premiere au Rondeau—Suivant donques bréveté, je
ne te vœil plus rien dire dés Rondeaus, fors que leur vertu
premiére est de faire rentrer ou le vers ou l'hémistiche tant
proprement et tant a propos, qu'il ne semble pas répété du
commencement: mais tant cohérent a la fin de son couplet en
suite de propos et sentence, comme si là fut son siége propre
et particulier: comme t'enseigne Marot en la façon de tous
sés Rondeaus, et en précépt d'un vulgairement imprimé
premier de tous lés autres.

24/242   [p. 130]

Sebillet makes it quite clear that he is aware that he is dealing with
a form which is in decline: he speaks of the qualities which gave
'pris au Rondeau au passé plus qu'au présent' (p. 119). Moreover,
later in the chapter, in order to excuse himself for not going into
further details, he says 'je ne te vœil retenir aus specifications de ces
exemples plus prolixes que profitables' (p. 129).

He was the last theoretician to deal with the *rondeau* in a full and
serious fashion. The *ballade*, *chant royal*, *lay* and *virelay* were also to
suffer a similar fate. For Du Bellay's scornful criticism, see p. 99.

Chapitre IV
De la Balade

La Balade est Pöéme plus grave que nesun dés précédens, pour
ce que de son origine s'adressoit aus Princes, et ne traitoit que
matiéres graves et dignes de l'aureille d'un roy. Avec le
temps empireur de toutes choses, lés Pöétes François l'ont
adaptée a matiéres plus légéres et facécieuses, en sorte

qu'aujourd'huy la matiére de la Balade est toute téle qu'il plaist a celuy qui en est autheur. Si est elle néantmoins moins propre a facécies et légéretéz.

[p. 131]

Sebillet then begins a detailed technical discussion on the *ballade*. He says that the poet is free to choose the number of lines in each *coupletz*, that the three *coupletz* must each have the same number of lines, that the most common number is eight or ten, but sometimes one finds seven or eleven; each *coupletz* must also have the same rhyme scheme. Then he deals with the *envoy* (or *epilogue*) and the *refrain*. He quotes a ballade by Marot and frequently refers to him as a model. Then follow these two sections which complete the chapter:

Proprieté du vers de huit syllabes—La Balade au demourant se fait de vers de huit et de dis syllabes mieus et plus communément. Mais tien toujours en mémoire ceste régle générale, que le vers de huit syllabes est né seulement pour choses légéres et plaisantes.

Principale vertu de la Balade—Note conséquemment quant au fait de la Balade, que sa premiére vertu et perfection est, quand le refrain n'est point tiré par lés cheveus pour rentrer en fin de couplet: mais y est répété de mesme grace et connéxion que je t'ay dit au chapitre précédent estre requise a la reprise du Rondeau. L'envoy commence quasi toujours par ce mot, Prince, si la Balade dresse a homme: et par, Princesse, si a femme: d'ou tu peus congnoistre la magesté et pris d'elle. Cela toutesfois n'est tant necessaire que tu ne trouves en beaucoup d'Envoys cés mos laissés pour autres mieus a propos, qui ayent pareille ou meilleure harmonie.

[p. 135]

According to Gaiffe (*op. cit.*, p. 131, n. 1), Sebillet is the last
sixteenth century theoretician to deal with the *ballade* 'avec quelque
détail'. The only exception is Delaudun d'Aigaliers, who plagiarises
Sebillet. Sebillet, in his turn, adds little to the descriptions of Fabri
and Gracien du Pont, except that he is generally clearer in his
exposition.

Chapitre V
Du chant Royal, et autres chans usurpéz en Poésie Françoise

Toute téle différence y a-il entre le chant Royal et la Balade,
comme entre le Rondeau et le Trïolet. Car le chant Royal
n'est autre chose qu'une Balade surmontant' la Balade commune en nombre de coupletz, et en gravité de matiére.

[p. 136]

Sebillet explains that a *chant royal* is so called because of its
'grandeur et magesté', which make it fit to be sung in the
royal presence, or because it aims to praise a royal person.
He then begins a section entitled *Matiere du chant Royal*,
from which the following extract is taken.

... le plus souvent la matiére du chant Royal est une allégorie
obscure envelopant soubz son voile louenge de Dieu ou
Déesse, Roy ou royne, Seigneur ou Dame: laquelle autant
ingénieusement déduitte que trouvée, se doit continuer
jusques a la fin le plus pertinemment que faire se peut: et
conclure en fin ce que tu prétens toucher en ton allégorie avec
propos et raison. Sa structure est de cinq coupletz unisones
en ryme, et égaus en nombre de vers, ne plus ne moins qu'en
la Balade: et d'un Envoy de moins de vers, suivant la proportion mentionnée au chapitre précédent. Mais il y a plus de
certitude, car peu de chans Royauz trouveras-tu autres que de
unze vers au couplet, et consécutivement de set a l'Envoy,

ou de cinq, selon que l'interprétation de l'allégorie requiert.
Car coutumiérement l'Envoy du chant Royal porte la
déclaration de l'allégorie qui y a esté déduitte: et par là
congnoit-on si pertinemment et proprement la similitude de
l'allégorie est accommodée a ce que declare l'Envoy.

[pp. 137–8]

Sebillet explains the form and function of the *envoy* and
then quotes an example of a complete *chant royal* from
Marot. He excuses himself from giving details of the
rhyme scheme but recommends the exclusive use of
decasyllables.

Vertus du chant Royal. Note d'avantage, que l'élégance et
pertinente déduction de l'allégorie est la premiére vertu du
chant Royal: La seconde, la cohérence du refrain a chaque
couplet.

[p. 140]

The chapter finishes with a reminder that many different
sorts of *chants* (nuptiaus, de joye, de follie) are to be found
in Marot's works. Sebillet describes their form as uncertain
and regards them as pale imitations of the *chant royal*.

Pourtant voulant faire chant autre que Royal, fay-le de la
forme que tu penseras la plus commode et propre a la matiére
dont tu l'entreprendras bastir: et tu n'y feras faute digne de
reprehension, maisque tu te proposes l'analogie par tout
recommandée par moy icy dedans, et ce decore tant inculqué
par Horace au discours de son Art Poëtique.

[pp. 141–2]

Chapitre VI
Du Cantique, Chant Lyrique ou Ode et Chanson

Le cantique françois—Le Cantique, Chant Lyrique, et Chanson, resemblent lés Chans desquels je te vien de parler au chapitre precedent, de nom plus que de forme et suget: car le Cantique François n'est autre chose que le Pséaume Hébreu ou Latin. Aussy trouveras tu lés Cantiques de Marot pleins d'invocations et priéres dressées aus Dieus a fin de destourner le mal, ou continuer le bien. Et si tu en trouves non dressans de droit fil auz Dieuz, ou Déesses: si est ce que couvertement ilz contiendront priére ou detestation, comme je te laisse aller voir chéz Marot en ceus qu'il a tournéz de David, et en plusieurs qu'il a fais de son invention.

[pp. 143-4]

Sebillet quotes a complete *cantique* by Marot and refers to several others.

Et pour cela t'ay-je dit que le Cantique est variable en sa forme et structure.

Chant Lyrique, et Ode, tout un—Le chant Lyrique, ou Ode (car autant vaut a dire), se façonne ne plus ne moins que le Cantique, c'est a dire autant variablement et inconstamment: sauf que lés plus cours et petis vers y sont ploussouvent usités et mieus séans, a cause du Luth ou autre instrument semblable sur lequel l'Ode se doit chanter. Aussy la matiére suyt l'effet de l'instrument, qui comme le chant Lyrique, et l'Ode comme l'instrument exprime tant du son comme de la vois lés affections et passions ou tristes, ou joieuses, ou creintives, ou esperantes, desquéles ce petit Dieu (le premier et principal suget de Pöésie, singuliérement aus Odes et Chansons) tourmente et augmente lés esperis dés Amoureus. Ainsy est le chant Lyrique aussy peu constant qu'ilz sont, et autant prompt a changer de son, de vers, et de Ryme, comme eus de visages et d'acoutremens. Pource n'en atten de moy aucune régle autre, fors que choisisses le patron dés Odes en Pindarus Pöéte Grec, et en Horace Latin, et que tu imites a pied levé Saingelais és Françoises, qui en est Autheur tant dous que divin . . .

[pp. 146–8]

Sebillet quotes an *ode* by Saint-Gelais.

Chanson—La chanson approche de tant prés l'Ode, que de son et de nom se resemblent quasi de tous poins: car aussy peu de constance ha l'une que l'autre en forme de vers, et usage de ryme. Aussy en est la matiére toute une. Car le plus commun suget de toutes deus sont, Venus, sés enfans, et sés Charites: Bacchus, sés flaccons, et ses saveurs. Neantmoins tu trouveras la Chanson moindre en nombre de coupletz que le chant Lyrique, et de plus inconstante façon et forme de stile, notamment aujourd'huy, que lés Musiciens et Chantres font de tout ce qu'ilz trouvent, voient, et oient, Musique et Chanson. . . .

Pourtant peus tu aisément entendre que de t'en escrire forme et régle certaine, seroit a moy téméraire entreprise, a toy leçon inutile. Ly donc lés chansons de Marot (autant souverain autheur d'elles, comme Saingelais de chans lyriques) désquéles lés sons et differences t'enseigneront plus de leur usage, qu'avertissement que je te puisse icy ajouter.

57/94   [pp. 150–2]

Three features, in particular, in this chapter, aroused Du Bellay's criticism: first, Sebillet's failure to distinguish between the *chant lyrique* and the *ode*; second, his linking of the Ancients with Marot and Saint-Gelais; third, the recommendation to imitate French poets. See pp. 83, 99, 185.

Chapitre VII
De l'Epistre, ét de l'Elegie, et de leurs différences

Marot en sés œuvres, ou l'Imprimeur en son nom, a distingué et mis a part lés Epistres en un reng, et les élégies en un autre. Toutesfois la différence en est tant petite, qu'il t'y faut aviser de bien prés pour la discerner.

L'epistre—L'épistre Françoise faite en vers, ha forme de missive envoyée a la personne absente, pour l'acertener ou autrement avertyr de ce que tu veus qu'il sache, ou il desire entendre de toy, soit bien, soit mal: soit plaisir, soit desplaisir: soit amour, soit haine. Par ce moien tu discours en l'Epistre beaucoup de menues choses et de différentes sortes sans autre certitude de suget propre a l'Epistre. Et en un mot, l'Epistre Françoise n'est autre chose qu'une lettre missive mise en vers: comme tu peus voir aus Epistres d'Ovide tant Latines que Françoises: et aus Epistres de Marot, et autres telz famés Pöetes.

L'élégie—L'élégie n'est pas sugette a téle variété de suget: et n'admet pas lés différences dés matiéres et légeretés communément traittées aus épistres: ains ha je ne say quoy de plus certain. Car de sa nature l'Elégie est triste et flebile: et traitte singuliérement lés passions amoureuses, lésquéles tu n'as guéres veues ni oyës vuides de pleurs et de tristesse. Et si tu me dys que lés épistres d'Ovide sont vrayes épistres tristes et amoureuses, et toutesfois n'admettent le nom d'élegie: enten que je n'exclu pas l'Amour et sés passions de l'Epistre, comme tu peus avoir entendu au commencement de ce chapitre en ce que je t'en ay dit: Mais je dy que l'Elégie traitte l'Amour, et déclare sés desirs, ou plaisirs, et tristesses a celle qui en est la cause et l'obgét, mais simplement et nuément: ou l'epistre garde sa forme de superscriptions et soubzscriptions, et de stile plus populaire. Or si tu requiers exemples d'Elégies, propose toy pour formulaire celles d'Ovide escrittes en sés trois livres d'Amours: ou mieus ly lés élégies de Marot: desquéles la bonne part représente tant vivement l'image d'Ovide, qu'il ne s'en faut que la parole du naturel. Pren donc l'élégie pour epistre Amoureuse: et la fay de vers de dis syllabes toujours: lesquelz tu ne requerras tant superstitieusement en l'epistre que tu ne la faces par fois de vers de huit, ou moindres: mais en l'une et en l'autre retien la ryme platte pour plus douce et gracieuse.

46/46   [pp. 153–6]

See p. 100 for Du Bellay's comment on the *epitre*.

Chapitre VIII. Du Dialogue, et sés espéces, comme sont l' Eclogue, la Moralité, la Farce. The title of this chapter is an indication of its contents. It is worth noting that the dramatic forms are considered as parts of one small poetic subdivision. The development of dramatic criticism is outside the scope of this book. (Pp. 157–66.)

Chapitre IX. Du coq a l'asne. Sebillet tells us that the *coq a l'asne* is so called because of 'la variété inconstante dés non cohérens propos'; its greatest elegance is 'sa plus grande absurdité de suite de propos'. After giving some brief technical details and proposing Marot as a model he goes on to explain that satires—for example, those by Juvenal— are really Latin versions of the *coq a l'asne*: indeed a better formulation, he says, would be to call Marot's *coq a l'asne* 'pures Satyres Françoises'. This excited Du Bellay's indignant rebuttal. (Pp. 167–8.)

Chapitre X. Du Blason, et de la définition et déscription. Sebillet defines the blason as 'une perpétuéle louenge ou

continu vitupére de ce qu'on s'est proposé blasonner'.
Marot is referred to, but no examples are quoted. Sebillet
thinks the octosyllable is the most suitable line and *rime
plate* the best rhyme scheme, although he accepts that there
are fine examples which follow different patterns and have
lines of different lengths. ' . . . le plus bref est le meilleur,
mesque il soit agu en conclusion' sums up Sebillet's views
on the principal qualities of the *blason*.

As for the other forms mentioned in the chapter title,
the essential is contained in the following: 'la définition
Françoise exprime la sustance de la chose définie, et le
naturel fond d'elle. Et la description peint et colore seulement la chose descrite par sés propriétés et qualitéz acciden-
taires.' Sebillet's predecessors did not discuss these poetic
forms; later theoreticians paid them scant attention.
(Pp. 169–74.)

Chapitre XI. De l'Enigme. The *énigme* is described as an
'allégorie obscure' in prose or in verse. It consists of a
description of an object such as 'lés dés, l'œil, la chandéle,
la balle'. The description deals not only with the object's
qualities but also with its origin, its use, its effects, etc.
'Lés plus cours sont lés plus élégans: et la vertu de l'énigme
est l'obscurité tant dilucide que le bon esprit la puisse
ésclercir aprés s'y estre quelque peu appliqué: et le vice
est de faire téle description qu'elle se puisse adapter a plus
d'une chose.'

Marot wrote no *énigmes*, so Sebillet quotes an example
from Bonaventure des Périers which shows that 'La ryme
platte y est toujours receüe pour meilleure: et le carme de
dis syllabes admis pour le plus convenable a la grave
obscurité de l'énigme.' (Pp. 175–7.)

Chapitre XII. De la Deploration, et Complainte. Sebillet
justifies himself for devoting a chapter to these two forms

E

('Complaintes et deplorations sembleroient estre comprises soubz l'élégie') by saying that there are sufficient different forms to warrant separate treatment. Some are in the form of *épitaphes*, others of *élégies*, others of *éclogues* and so on. The most suitable subject matter is 'le plussouvent mort facheuse et importune: par fois amoureuse deffortune'. *Rime plate* and decasyllables are recommended. (Pp. 178-9.)

Chapitre XIII
Du Lay et Virelay

Je te pensoie avoir touché toutes lés différences et espéces des poémes, quant m'est souvenu du Lay et Virelay: lesquelz, pour le peu d'usage qu'ilz ont aujourd'huy entre lés Pöetes celebrés, j'eusse aisement laissé a te declarer, si je n'eusse creint faire tort a l'antiquité: laquéle de sés rudesses et aspretés nous ayant fait entrée aus polisseures, doit estre vénérée de nous comme notre mere et maistresse.

Usage de lay et Virelay entre les Anciens—Or usoient les anciens Pöetes du Lay et du Virelay, comme nous faisons aujourd'huy dés Rondeaus et dés Balades, lés entremeslans par leurs œuvres pour graceius ornemens d'iceus. Car la matiére en est toute téle qu'on veut eslire: et sont seulement considérées en eus lés diverses assiettes dés vers, et lés symbolisations qui y sont a observer.

[p. 180]

Sebillet explains that for him there is no distinction between the *lay* and the *arbre fourchu*. He quotes an example from Alain Chartier to illustrate the use of the short line amongst longer ones but he maintains that there are no rules which need to be strictly adhered to either with regard to the rhyme scheme or to the number of lines in a stanza. He does, nevertheless, recommend that the lines should be octo-

syllables or shorter for preference, that there should not be
more than two sets of four lines rhyming a b a b (.. *lisiére*)
to a stanza and that once a scheme has been decided upon it
should be repeated.

The *virelay*, according to Sebillet, is not very different
from the *lay*:

Toute la différence que j'y treuve, est une, qui est que le
Virelay n'ha point de branches plus courtes unes qu'autres:
et encor qu'il se face de petis vers comme le Lay, ils sont
toutesfoys tous de mesme longueur et de mesme nombre de
syllabes. . . .

[p. 183]

He quotes an example from Alain Chartier and comments
that both the *lay* and the *virelay* are most suitable for
'Tragédies ou traités de choses autrement tristes'.

Car a vray dire, lés petis vers Trochaïques que tu lys aus
Tragédies Gréques et Latines, sont le patron auquel lés ancïens
ont formé le Lay et Virelay: auquel au moins, s'ilz s'en sont
oubliés, nous lés pouvons former proprement.

27/63   [p. 185]

There were many different definitions of the *lay* between Deschamps and Sebillet. The general tendency was to move away from
strict rules (see Langlois, *op. cit.*, pp. 448–9). Sebillet's definition
seems closest to those given by L'Infortuné and Fabri. As for
Sebillet's definition of the *virelay*, this too seems closest to the same
two writers. Earlier writers had made a clear distinction between
the two forms (see Langlois, *op. cit.*, p. 6, n. 1, and p. 472).

Chapitre XIV
De la Version

Si je ne t'ay jusques icy spécifié toutes lés différentes sortes de
Pöémes, si t'en ay-je declaré la plus part, et du premier et plus

frequent usage. Je-say bien que tu en trouveras encor quelques uns autres que ceuz cy: et n'ignore pas que le temps soit asséz puissant pour en descouvrir tous lés jours de nouveauz: Mais tu entens bien aussy, Lecteur, que comme il est aisé d'ajouter aus choses trouvées, ainsy te sera-il facile, ou d'en innover de toy mesmes, ou imiter lés innovéz par autres, au moien de la congnoissance de ceuz cy.

Grand'œuvre. Le Romant de la Rose. Pource seray-je content, et te supplieray aussy de l'estre, du peu que je t'en ay declaré: mesque je t'aye encor brevement avisé, que dés Pöëmes qui tombent soubz l'appellation de Grand œuvre, comme sont, en Homére, l'Iliade: en Vergile, l'Eneide: en Ovide, la Metamorphose, tu trouveras peu ou point entrepris ou mis a fin par lés Pöétes de nostre temps: Pource si tu desires exemple, te faudra recourir au Romant de la Rose, qui est un dés plus grans œuvres que nous lisons aujourd'huy en notre pöésie Françoise. Si tu n'aimes mieus, s'il t'avient d'en entreprendre, te former au miroir d'Homére et Vergile, comme je seroie bien d'avis, si tu m'en demandois conseil. Et croy que ceste penurie d'œuvres grans et Heroïques part de faute de matiére: ou de ce que chacun dés Pöétes famés et savans aime mieus en traduisant suivre la trace approuvée de tant d'eages et de bons esprits, qu'en entreprenant œuvre de son invention, ouvrir chemin aus voleurs de l'honneur deu a tout labeur vertueus.

Traduction—Pourtant t'averty-je que la Version ou Traduction est aujourd'huy le Pöéme plus frequent et mieus receu dés estimés Pöétes et dés doctes lecteurs, a cause que chacun d'eus estime grand œuvre et de grand pris, rendre la pure et argentine invention dés Pöétes dorée et enrichie de notre langue. Et vrayement celuy et son œuvre meritent grande louenge, qui a peu proprement et naïvement exprimer en son langage, ce qu'un autre avoit mieus escrit au sien, aprés l'avoir bien conceu en son esperit. Et luy est deue la mesme gloire qu'emporte celuy qui par son labeur et longue peine tire dés entrailles de la terre le thresor caché, pour le faire commun a l'usage de tous lés hommes.

Vertu de version—Glorieus donc est le labeur de tant de gens de bien qui tous lés jours s'y emploient: honnorable aussy sera le tien quand t'aviendra de l'entreprendre. Mais garde et regarde que tu ays autant parfaite congnoissance de l'idiome de l'autheur que tu entreprendras tourner, comme de celuy auquel tu delibereras le traduire. Car l'un dés deus defaus ou tous lés deus ensemble, rendroient ta version égale en mauvaise grace a la sottie de celuy qui pour plaire aus Dames entreprend le bal, et est boiteus d'une jambe, ou cloche de toutes lés deus. Ainsi recevras tu pour recompense de ton labeur tout tel salaire comme luy, grand ris et pleine moquerie. Pour fuyr de ce danger, ne jure tant superstitieusement aus mos de ton auteur, que iceus delaissés pour retenir la sentence, tu ne serves de plus prés a la phrase et propriéte de ta langue, qu'a la diction de l'estrangére. La dignité toutesfois de l'auteur, et l'enargie de son oraison tant curieusement exprimée, que puis qu'il n'est possible de réprésenter son mesme visage, autant en montre ton œuvre, qu'en représenteroit le miroir. Mais puis que la version n'est rien qu'une imitation, t'y puy je mieus introduire qu'avec imitation? Imite donc Marot en sa Metamorphose, en son Musée, en sés Psalmes: Salel, en son Iliade: Héröet, en son Androgyne: Désmasures, en son Eneide: Peletier, en son Odyssée et Géorgique. Imite tant de divins esprits, qui suivans la trace d'autruy, font le chemin plus douz a suivre, et sont eus mesmes suivis.

76/76   [pp. 186–91]

Sebillet does not, in fact, describe several verse forms which were popular in the fifteenth century and earlier. Examples of these can be found in the lists on p. 3.

The epic poem is treated very briefly by Sebillet; Du Bellay,

Peletier and Ronsard dwell on it at great length: see pp. 102, 170, 211.

Sebillet looks on translation much more favourably than Du Bellay (pp. 81, 148). He was stung to make a counter-attack on Du Bellay for his criticism in the *Deffence et Illustration de la Langue Françoyse*. In his translation of Euripides' *Iphigénie* (1549) he wrote in the section *Aus Lecteurs*: 'Si je fay moins pour moy en traduisant anciens auteurs qu'en cérchant inventions nouvelles, je ne suy toutefois tant a reprendre que celuy qui se vante d'avoir trouvé, ce qu'il ha mot a mot traduit des autres.'

Chapitre XV
Dés vers non ryméz: de quelques figures et enrichissemens tombans en la ryme, et au vers dont la ryme mesme prend denomination

Je sor quasi hors de propos te venant maintenant ajouter enseignemens appartenans non au fait et différence dés Pöémes, ains aus Carmes, et a la ryme. Mais je-croy que tu ne trouveras point mauvais que pour bonne bouche je te mette en ce dernier chapitre lés sucrées douceurs et mïellées confitures desquéles le Pöéme, le vers et la ryme sont par fois afriandis. Puis tu me sauras bon gré, qu'en si grande breveté je n'omette rien qui puisse faire a ton instruction.

Vers non rymez—Note donc que tu trouveras dés vers mesuréz autrement du nombre de leurs syllabes, mais sans parité de son en leurs fins, et sans ryme: Qui est chose autant estrange en nostre Pöésie Françoise, comme seroit en la Gréque et Latine lire dés vers sans observation de syllabes longues et bréves, c'est a dire, sans la quantité dés temps, qui soutiennent la modulation et musique du carme en cés deus langues, tout ainsy que fait en la notre, la ryme. Peu de Pöétes François liras-tu, qui ayent osé faire vers sans ryme: toutesfois, afin que tu ne me penses parler par cœur, tu liras aus œuvres de Bonaventure dés Periers, la Satyre d'Horace qui commence,

Qui fit, Mœcenas, ut nemo quam sibi sortem, etc.

tournée en vers de huit syllabes non ryméz: lequelz sont
impreméz en forme de prose sans lineale distinction dés vers,
quasi comme non meritans le nom de Carmes.

[pp. 192–3]

Sebillet then deals with Petrarch's *sestines* and recommends their use if one is attempting 'vers non rymez'.
Poems without rhyme are 'comme un corps sans sang et
sans ame' (p. 194). He concludes by defining and giving
examples of the following 'figures et enrichissemens' which
earlier poets had found 'dous et gracieus': *Kyrielle, Palinod,
(rime) Concatenée, Annexée, Conjugata, Fratrisée, Enchainée,
Senée, Couronnée, Emperiere, Couronnée annéxée, Echo,
Batelée, Retrograde, Rebus de Picardie, Contrepetis de court.*

Excuse donc, lecteur, la bréveté estudiée en ta faveur: et si
tu ne veus excuser ce que au surplus verras ou entendras a
reprendre, donne toy garde qu'on ne te die ingrat, ne voulant
donner la main a celuy qui auroit chopé en courant pour te
garder de tomber.

33/161   [p. 205]

This chapter seems largely an afterthought and completes *Livre I,
Chapitre VII.* Sebillet deals only with non-rhyming verse which is
based on a numerical syllable count; he is not concerned with other
types of experiments in this field by sixteenth century poets.

Most of the different types of rhyme had been variously defined
by Sebillet's predecessors. Sebillet does not consistently follow
anyone but he comes closest to Gracien du Pont. One can glimpse
something of the problems over terminology and definition in
Gaiffe's attempts to clarify the situation: 'Les rimes *annexée,
fratrisée* et *enchaînée* sont assez peu différentes; les definitions et les
exemples varient suivant les traités. Elles dérivent de l'*équivoque*

rétrograde d'Eust. Deschamps (Art de Dictier, VII, p. 227) et de la *rime enchaînée* des *Arts de 2e Rhétorique*, (p. 224 et 255). *L'annexée* est dénommée et définie de même par L'Infortuné (f⁰ XIII I⁰), Fabri (II, p. 44) et G. Du Pont (f⁰ XL); mais ce dernier l'appelle aussi *fratrisée*. Sebillet rajeunit les exemples en les empruntant à Marot, au lieu de les copier dans L'Infortuné ou dans Molinet; mais il est parfois obligé de modifier la définition traditionnelle pour la faire cadrer avec l'exemple choisi' (p. 196).

Towards the end of the list of descriptions of different types of rhyme (certainly by the time he gets to *retrograde*) one can detect a certain weariness, if not impatience, on Sebillet's part. Gaiffe comments: 'On remarquera le dédain de l'auteur pour ces dernières sortes de rimes. Nous ne sommes pas loin des "espisseries" de Du Bellay' (p. 204, n. 2).

CONCLUSION

We noted briefly earlier that Sebillet, while remaining influenced by the *Arts de seconde rhétorique*, attempted to do more than provide a battery of technical advice. The foregoing selections should provide sufficient confirmation of the presence of detailed recommendations about versification in Sebillet's *Art Poétique François*. However, if we look more closely at some of his comments about the nature of poetry, we may not only be able to appreciate to what extent he contributed to the discussion of wider problems of poetic theory in the sixteenth century, but in addition we may be able to decide to what extent the technicalities are informed by his underlying conception of poetry.

The most obvious starting place is Sebillet's comments on divine inspiration in Chapter I. This theory, like so many aspects of sixteenth century poetic theory, had its roots in ancient Greece: it stemmed, originally, from various writings of Plato but was transmitted to Renaissance France largely by the Latin translations and commentaries of Marsilio Ficino.

This is not the place to go into the complex background of Platonic metaphysics (in any case, some aspects will become clearer later in connection with extracts from other writers, especially Pontus de Tyard) but it is important to be aware of some of the implications of the theory of divine inspiration. The features which Sebillet stressed were:

1 All the arts, including poetry, all human knowledge and all human virtue partake of a common divine source which is the one supreme source of perfection. Poetry is thereby assured an exalted position.
2 The human mind is an inferior, impure form of the divine fire. It can be enlightened and improved by any contact with purer forms of the divine fire. Poetry is one such divine spark.
3 Since poetry is so important, the poet naturally occupies a vital position in relation to the gods (in the pagan tradition) or to God (in the Christianised version of the same tradition).
4 The harmony of the Platonic universe is mirrored in a fainter, more impure, but nevertheless valuable way in the harmony of poetry.

These features of the theory of divine inspiration, in Sebillet's mind, highlight the difference between the *rymeur* and the true poet.

In spite of the attractions of the theory, however, Sebillet was aware of the need for a complementary action between inspiration and technique. Even in Chapter I he uses the image of the sap and the bark to refer to this relationship.

In the sixteenth century inspiration and technique were often referred to as *nature* and *art*. *Nature* had many connotations but the two chief meanings were (i) the whole of creation and (ii) the essence of a person or thing. In a literary context *nature* implied those qualities which were inborn. *Art*, on the other hand, was sometimes regarded as the antonym of *nature*: on occasion this implied a criticism of *art*, since it sullied the pristine qualities of *nature*; on other occasions, especially in the literary context, the work of *art* was to perfect *nature*. Behind the sixteenth century discussion about the relative importance of *nature* and *art* in poetic composition there is a long classical tradition. Cicero and Quintilian, in their works on rhetoric, as well as Horace in his *Ars Poetica* had already drawn attention to this problem.

Sebillet refers to both Quintilian and Horace in Chapter III. He clearly favours what he considers to be the former's more forthright opinion: that both *nature* and *art* are necessary because they are complementary but that *nature* is more important.

Before going any further in examining Sebillet's attitude to this problem it is necessary to look at a number of rather specialised terms. *Invention*, as Sebillet says in Chapter III, is the first of the traditional divisions of rhetoric. There were five of these in all: *inventio, dispositio, elocutio, memoria* and *pronunciato*—to give them their Latin names. An explanation of these might not be out of place here:

Inventio.	The amassing of one's material, which consists of things to discuss which are true or probably true.
Dispositio.	The arrangement of one's material.
Elocutio.	The clothing of one's material in suitable words and phrases.
Memoria.	The art of remembering a speech.
Pronunciatio.	The art of delivery, by voice or gesture.[4]

Sebillet goes further than calling *invention* the first and most important part of poetry as well as the first part of rhetoric.

4 Sonnino, L. A., *A Handbook to Sixteenth Century Rhetoric*, Routledge & Kegan Paul, London, p. 243.

He identifies it with divine inspiration. It is, therefore, something which cannot be taught or replaced by technique. On the other hand, *invention* does need to be developed and improved; the poet can achieve this by the study of the works of the philosophers and rhetoricians as well as by immersing himself in the works of the great poets of Greece, Rome and France. The significant phrase here is 'le surplus de l'invention qui consiste en l'art'.

If invention is a divine gift, Sebillet is no more than logical to concentrate the majority of his *Art Poétique* on the human part of poetic composition: viz technique or *art*. Yet we cannot leave the matter there. Sebillet also deals with *disposition* and *élocution*. Do these come into the realm of inspiration or technique?

Disposition is dealt with briefly at the end of Chapter III. All the remarks stress the intimate links between *invention* and *disposition*: 'disposition . . . suit de prés cette invention'; both are improved by the study of Greek, Latin and French masters.

Elocution, which has a chapter to itself (Chapter IV), is not specifically ascribed to either the divine or the human sphere. The central piece of advice is that the poet should make judicious use of writers of all sorts—Greek, Roman or French, historians and orators.

There is, therefore, whether Sebillet is speaking of *invention*, *disposition* or *élocution*, a common recommendation: to avail oneself of the best models available. Perhaps one could make a distinction here. Whereas, in the case of *invention*, the models would merely serve to develop a pre-existing quality (and Sebillet states this specifically), in the case of *disposition* and *élocution* the models might be used to develop qualities which were previously non-existent. Unfortunately Sebillet is not specific on this point.

What evidence there is suggests that both *disposition* and *élocution*, in Sebillet's scheme of things, were associated with inspiration rather than with technique. For example, rhyme is (for a second time) described as the 'nue escorce' which covers 'la séve et le boys' of 'l'invention et l'éloquence des Pöétes'. In Chapter V Sebillet makes it clear that having dealt with *invention*, *disposition* and *élocution*, he can now proceed with the *forme* of poetry. It rather looks as if these three factors constitute the *matiére* of poetry while the *forme* would be all the rest. A similar distinction between *matiére* and *forme* is made in the preface to Book II. Perhaps more significant than all these examples is the fact that in the book as a whole these three factors receive little attention compared with versification.

How does Sebillet distinguish between poetry and other forms of writing? In seeking for an answer to this question one is struck by the similarity between poetry and rhetoric rather than by the differences: *invention*, *disposition* and *élocution* are common to them both; *invention* is most important in both; poets can usefully study rhetoricians to improve their writing and so on. The chief distinction is described in the following way:

> Et sont l'Orateur et le Pöëte tant proches et conjoinz, que semblables et égauz en plusieurs choses, différent principalement en ce, que l'un est plus contraint de nombres que l'autre. [p. 16.]

A similar criterion is referred to several times in other places in the *Art Poétique*. For example, in Chapter I the 'don divin' is described as being a 'céleste prérogative, laquéle est clérement montrée par les nombres dont les Poétes mesurent leurs carmes'. Later in the same chapter, the following expressions occur in a highly complimentary context:

'vers pöétiquement mesuréz' to describe Moses' praise of God.
'mesure versifiée' to describe, for example, David's Psalms and Solomon's Proverbs.

'mesurées en carmes pöétiques' to describe the Romans'
praise and supplications to their gods.

'vers et carmes mesuréz' to describe contemporary Christian
prayers.

Rhyme and rhyme schemes, which one might have thought
would be associated with this sort of rhythmical or measured
form in this part of the book, are in fact relegated to the unimportant position of an ornament in spite of the unexpected
reference to 'divine versification' in a very praiseworthy context.

Thus we have the paradoxical situation of poetry being
elevated, on the one hand, because of divine inspiration, but
in a certain sense demoted, on the other, because the factor
which distinguished it in the *Arts de seconde rhétorique* (viz the
special rules pertaining to versification) has been substantially
curtailed.

A further question remains: does the conception of poetry
we have been trying to discover underpin the mass of technical detail? The pattern of Sebillet's treatment of each *genre*
is roughly standard. His remarks fall largely into two groups:
matiére and *forme*. *Matiére* seems to consist of those elements
which are the result of *invention, disposition* and *élocution*;
forme is all the other elements. Although Sebillet says less
about *matiére* than about *forme* in Book II, it is evident that it
remains the predominant factor.

> . . . car je t'ay ja avisé que l'espéce du carme ne diminue ny aug-
> mente gueres la grace du pöéme du quel l'invention et élocution
> sont autrement ingenieuses. [p. 40]

One might compare this comment with another in Book I:

> tu jugeras de là, que l'éspéce du carme n'empesche point le Pöéme
> autrement bien fait de rencontrer faveur et applaudissement. [p. 23]

It seems from these remarks that it is the *matiére* and not the
forme which determines the quality of the poem.

There are occasions on which it seems possible to maintain that *matiére* determines *forme*. For example, in the following general remark:

> . . quéle en restera la forme? Diverse, selon l'entreprise de l'œuvre, et la commodité de l'assiette. [p. 21]

Or in the case of the *epigramme*: 'mais le alongeons tant que le requiert la matiére prise'. Other examples of this can be found in respect of the *chant* and the *ode*, and Sebillet frequently recommends that serious subjects are better expressed in decasyllables or in alexandrines, whilst lighter subjects are more suited by the octosyllable or by an even shorter line.

Yet no consistent pattern emerges; there are plenty of exceptions to this principle. The widest latitude is given over the subject matter of the *epitre* and the *epigramme*; the *balade* is restricted only in so far as a serious tone is considered more appropriate.

Part of the difficulty arises from the fact that Sebillet's remarks are so sketchy: the bulk of Book II, after all, is concerned with stanza forms, rhyme schemes and so on. Nevertheless, one does have the suspicion that he tends to use *matiére* in two slightly different senses: first, to refer to everything associated with inspiration (*invention*, *disposition* and *élocution*); second, to mean, quite simply, subject matter. What is slightly disconcerting is to find such factors as the arrangement of material and the choice of words transferred from *forme* to *matiére*.

Does Sebillet give any answers to the question: why write poetry? In fact he gives several. He praises French poets who have striven to improve the quality of French verse; if one assumes this to be a patriotic motive it does not beg the question. Poetry may be a means to personal glory either because of the exalted position associated with divine inspiration or, more simply and more directly, because it enables one to win public favour. Poetry may be an end in itself; a human activity in which perfection is its own reward.

The most interesting of these is the last but it raises a further question: what is the criterion by which one may judge that perfection has been achieved or approached? Sebillet's answer is to be sought in the comments he makes on the ends to be aimed at in relation to *invention, disposition* and *élocution*. For the first two, perfection seems to be achieved when the process is done 'proprement'; for the third, the poet's choice should mean the rejection of those things which are 'mal convenantes et aptes' and the retention of those which are 'propres et bienseantes'. There is an appeal to the same criterion in the following comment:

> Pourtant voulant faire chant autre que Royal, fay-le de la forme que tu penseras la plus commode et propre a la matiére dont tu l'entreprendras bastir: et tu n'y feras faute digne de reprehension, maisque tu te propose l'analogie par tout recommandée par moy icy dedans.   [p. 46]

The poet may invent new rhyme schemes but it must always be done 'avec analogie'; the poet must always ensure that 'l'analogie y soit toujours gardée'. This appeal to appropriateness, to proportion and to propriety implies a notion of perfection in which the constituent parts fit together into a harmonious whole. In its turn this links quite well with the connection between *matiére* and *forme* which we noted earlier. Sebillet does not go further than this; indeed, it is only by assembling scattered suggestions that one can tentatively procede thus far. It would be too much to expect Sebillet to have evolved a fully articulated explanation of the concept of organic form and synoptic vision in which perfection implies the precise equipoise between the parts and the whole without the artificial and ultimately meaningless separation of form and content.

Joachim du Bellay's
Deffence et Illustration de la Langue Francoyse
1549

The *Deffence et Illustration de la Langue Francoyse* can be
properly understood only if one takes into account the impact
of Sebillet's *Art Poétique* on the small group of poets who were
eventually to form the nucleus of the Pléiade.

After the death of his father in 1544, Ronsard, then aged
twenty, found a protector in the person of Lazare de Baïf,
a humanist and diplomat, whose secretary he had been some
four years previously. The diplomat appointed Jean Dorat,
an eminent Greek scholar, as tutor to his son, Jean-Antoine, in
the same year; Ronsard became part of the Baïf household
and benefited from Dorat's teaching. After the death of
Lazare de Baïf in 1547, Dorat was appointed principal of the
collège de Coqueret in Paris, and he took Ronsard and the young
Baïf with him. Some time later Du Bellay joined them at the
same college.

As a result of their studies under Dorat,[1] these three dreamed

---

1 'It was through him that Ronsard and his friends appear to have
made their first contact with that whole current of Renaissance
thought which sought to re-establish the fundamental identity of
the higher truths of paganism and Christianity. This attempted
religious and philosophical synthesis (or Syncretism) should indeed
be recognised as the notion underlying the very conception of the
Renaissance, namely the idea of a highroad rediscovered, of a
tradition long obscured by ignorance and the accumulated debris
of centuries, but once more made clear with the help of those germs
of divine truth to be found at various places and times—in Greek
philosophy, in pseudo-Egyptian hieroglyphics, and even in a frag-
mentary Druidical lore—which could be claimed by Frenchmen as

of rejuvenating French poetry. They were fired with enthusiasm for Greek culture, particularly poetry. They admired
Latin literature and became aware of the process of imitation
whereby Latin writers transposed much of what was best in
Greek literature into their own. In Italian literature, particularly in the works of Petrarch and Dante, they could see how
the imitation of classical models could result in remarkable
works in the vernacular. What was to prevent French poetry
from achieving the same eminence?

The ambition of the young students was to break away
from what they considered was, with very few exceptions,
the poverty of traditional French poetry and to create a
glorious new style, based on the classics but written in
French.

When Sebillet's *Art Poétique* appeared, anonymously, in
1548, one can imagine the conflicting emotions of Dorat's
students. Here was a book which extolled the merits of Marot
and Saint-Gelais and, moreover, proposed them as models
for young poets. Their works were mentioned in the same
breath as those of Theocritus and Virgil, Pindar and Horace.
Perhaps even more galling, however, the book condemned
mere *rimeurs* and spoke in lofty tones of the exalted position
of poetry based on divine inspiration. It recommended the
perfect understanding of Greek and Latin; it described several
of the fixed *genres* of *rhétoriqueur* poets as outmoded and dying,
whilst most of the feats of verbal acrobatics in rhyme were
relegated to a final chapter which was tacked on for the sake
of completion.

---

part of their national heritage. The best witness to this uninter-
rupted human tradition of *pia philosophia*—what confirmed the
Syncretic view—was mythology.'—Boase, A., *The Poetry of France*,
Methuen, London, 1964, Vol. I, p. liii. The introduction to this
volume contains some seventy most valuable pages on sixteenth
century poetry.

F

This is how Chamard sums up the reaction of the young men on reading Sebillet's *Art Poétique*:

> . . . l'impression qu'elle (*sc.* la lecture) leur laissa fut celle d'un vif dépit mêlé d'une sourde colère . . .
>
> Mettons-nous un instant à la place des élèves de Dorat. Dans le nouvel *Art Poétique*, ils ne trouvaient pas seulement défendues des opinions, qui'ils réprouvaient, exaltés des poètes dont ils faisaient assez bon marché; mais encore ils trouvaient formulées par avance, et souvent d'une manière insuffisante et défectueuse, des idées qu'ils avaient à coeur: de sorte qu'ils en voulaient à son auteur de ce qu'il y avait dans sa doctrine et de *contraire* et de *conforme* à leur propre doctrine. Ils ne le lui pardonnaient pas plus ses nouveautés que ses routines. Ils en concevaient de l'irritation; et c'est là qu'il faut chercher la première origine de la *Deffence et Illustration de la Langue Francoyse*.[2]

Their immediate reaction was to sound a counterblast and to make public the views which they had evolved in common from their studies and their discussions. The result was Du Bellay's *Deffence et Illustration de la Langue Françoyse*. It was written in some haste and was probably an extended version of what had originally been intended as a short explanatory *epître* to accompany some sonnets in the Petrarchan and Horatian style which were still in manuscript form.[3]

These circumstances not only help to explain the strident polemical tone of the work but also account for many of its strange arguments and its defects of composition.

The list of chapter titles which follows is intended, once

---

2 Chamard, H., *Histoire de la Pléiade*, Didier, Paris, 1961, t. I, pp. 161 and 163.

3 Chamard conjectures (*H.P.*, I, p. 164) that it was Du Bellay who wrote the riposte rather than Ronsard, for several reasons: first, because he was older and therefore anxious to make up for lost time —he saw the opportunity to make his mark; second, his temperament was more suited to a rapidly composed and disputatious document; third, his family name was well known.

again, to provide a general idea of the overall pattern and
scope of the work. The length of the selections and of the
chapters is also indicated so that the reader can see what
proportion of a given chapter is represented in the selections.

Livre Premier[4]

Chapitre

4 Du Bellay, J., *La Deffence et Illustration de la Langue Francoyse*, ed.
H. Chamard, S.T.F.M., Paris, 1948, pp. 205–6. Calculations of the
length of selections and of chapters are based on this edition. Page
numbers after selections refer to the same edition. The selections
have also been checked against the first edition: *La Deffence, et
Illustration de la Langue Francoyse. Par I.D.B.A.*, Paris, Arnoul
l'Angelier, 1549; Bibliothèque Nationale, Rés. X 1888–9.

Le Second Livre

Chapitre

Totals. Livre Premier: 345/849; Second Livre: 601/1,075; grand total: 946/1,924.

BARTHELÉMY ANEAU'S 'QUINTIL HORATIAN' (1550)

The *Deffence* was probably published around Easter 1549 and it provoked considerable hostile reaction. Towards the end of February or the beginning of March 1550 there appeared, anonymously, the most important of several works which adopted a highly critical attitude to the *Deffence*. The author, Barthelémy Aneau, a friend of Marot and an admirer of

traditional French poetry, entitled his criticism *Quintil*
Horatian. This is a reference to a passage in the *Deffence* (II,
XI) in which Du Bellay criticises the despised *rimeurs*:

> Je voudroys bien que ... tous roys & princes amateurs de leur
> Langue deffendissent, par edict expres, à leurs subjectz de non mettre
> en lumiere œuvre aucun, & auz imprimeurs de non l'imprimer, si
> premierement il n'avoit enduré la lyme de quelque scavant homme,
> aussi peu adulateur qu'etoit ce Quintilie, dont parle Horace en son
> *Art Poëtique* ...

Barthelémy Aneau claimed to be performing this salutary
task for Du Bellay's work.

Chamard's editions of the *Deffence* contain the whole of
this pamphlet. The reader will find in the following pages a
selection of some of the more interesting criticisms in the
Quintil Horatian placed as near as convenient to the passages
from the *Deffence* which stimulated them: this is the same
method of presentation as that adopted by Chamard. The
page numbers after the quotations from *le Quintil Horatian*
refer to Chamard's edition of the *Deffence* (1948); they have
been checked against the 1556 edition, published in Lyons, by
T. Payan after the *Art Poétique Françoys* by Sebillet (Bibliothèque Nationale, Rés. Ye 1212).

LA DEFFENCE ET ILLUSTRATION DE LA LANGUE FRANCOYSE

LIVRE PREMIER

L'Origine des Langues
Chapitre I

Si la Nature (dont quelque personnaige de grand' renommée
non sans rayson a douté si on la devoit appeller mere ou
maratre) eust donné aux hommes un commun vouloir &
consentement, outre les innumerables commoditez qui en

feussent procedées, l'inconstance humaine n'eust eu besoing
de se forger tant de manieres de parler. Laquéle diversité &
confusion se peut à bon droict appeller la Tour de Babel.
Donques les Langues ne sont nées d'elles mesmes en façon
d'herbes, racines & arbres: les unes infirmes & debiles en leurs
espéces: les autres saines & robustes, & plus aptes à porter le
faiz des conceptions humaines: mais toute leur vertu est née
au monde du vouloir & arbitre des mortelz. Cela (ce me
semble) est une grande rayson pourquoy on ne doit ainsi
louer une Langue & blamer l'autre: veu qu'elles viennent
toutes d'une mesme source & origine: c'est la fantasie des
hommes: & ont eté formees d'un mesme jugement à une
mesme fin: c'est pour signifier entre nous les conceptions &
intelligences de l'esprit. Il est vray que par succession de tens
les unes, pour avoir eté plus curieusement reiglées, sont deven-
ues plus riches que les autres: mais cela ne se doit attribuer à
la felicité desdites Langues, ains au seul artifice & industrie
des hommes. Ainsi donques toutes les choses que la Nature a
crées, tous les Ars & Sciences en toutes les quatre parties du
monde, sont chacune endroict soy une mesme chose: mais
pour ce que les hommes sont de divers vouloir, ilz en parlent
& ecrivent diversement. A ce propos, je ne puis assez blamer
la sotte arrogance & temerité d'aucuns de notre nation, qui
n'etans riens moins que Grecz ou Latins, deprisent & rejetent
d'un sourcil plus que stoïque toutes choses ecrites en Francois:
& ne me puys assez emerveiller de l'etrange opinion d'aucuns
scavans, qui pensent que nostre vulgaire soit incapable de
toutes bonnes lettres & erudition: comme si une invention
pour le Languaige seulement devoit estre jugée bonne ou
mauvaise. A ceux la je n'ay entrepris de satisfaire. A ceux cy
je veux bien (s'il m'est possible) faire changer d'opinion par
quelques raisons que brefvement j'espere deduyre: non que
je me sente plus cler voyant en cela, ou autres choses, qu'ilz ne
sont, mais pour ce que l'affection qu'ilz portent aux Langues

estrangieres ne permet qu'ilz veillent faire sain & entier
jugement de leur vulgaire.

46/46   [pp. 11–15]

[Q.H.] *Par le tiltre de ce premier chapitre, tu sembles promettre de
toy un Varron Francois . . . Car de si grande chose promise comme
est l'origine des langues, le chapitre n'en traite rien, sinon chose
vulgaire & commune, telle que un rustic en diroit bien autant . . .*
                                                         [p. 11, n. 1]

In 1908 P. Villey showed[5] how the majority of Du Bellay's arguments in favour of French had been transposed (where they were
not simply translated) from the *Dialogo delle Lingue* by Speroni
Sperone, which was published in 1542 and reprinted in 1543, 1544
and 1546. Speroni's work defends the Italian language against the
claims of Latin. The original Italian can be most conveniently
consulted in the footnotes of Chamard's editions.

Que la Langue Francoyse ne doit estre nommée barbare
Chapitre II

Du Bellay explains how the Greeks called those who spoke
Greek badly *barbares*. The meaning of this word was then
extended to refer to brutal or cruel customs and finally to
all other nations. Du Bellay maintains that this unwarranted
Greek practice is no reason to despise the French language.

Et quant la barbarie des meurs de notz ancéstres eust deu
les mouvoir à nous apeller barbares, si est ce que je ne voy
point pourquoy on nous doive maintenant estimer telz: veu
qu'en civilité de meurs, equité de loix, magnanimité de
couraiges, bref en toutes formes & manieres de vivre non

5 Villey, P., *Les Sources italiennes de la 'Deffence et Illustration de la
Langue Françoise' de Joachim Du Bellay*, Champion, Paris, 1908.

moins louables que profitables, nous ne sommes rien moins
qu'eux: mais bien plus, veu qu'ilz sont telz maintenant, que
nous les pouvons justement apeller par le nom qu'ilz ont
donné aux autres.

[pp. 17–18]

Because of their insatiable urge to subjugate nations, the
Romans are even less justified in calling the French *barbares*,
he continues. The only reason for the continued renown of
Rome above all other nations is the fact that many writers
recorded her endeavours for posterity. In fact, the Romans,
as a result of envy, attempted to prevent the recording of
the heroic exploits of the Gauls. They did not attempt to do
the same with the Greeks, apparently, because such a course
of action would have redounded more to their own dis-
advantage than to the Greeks'.

Ces raysons me semblent suffisantes de faire entendre à
tout equitable estimateur des choses, que nostre Langue (pour
avoir eté nommes barbares ou de noz ennemys ou de ceux
qui n'avoint loy de nous bailler ce nom) ne doit pourtant
estre deprisée, mesmes de ceux aux quelz elle est propre &
naturelle, & qui en rien ne sont moindres que les Grecz ou
Romains.

18/63   [p. 21]

[Q.H.] *Brief, pour le reduyre en forme syllogistique, tu ratiocines
ainsi:*

*Barbare est qui prononce mal la langue, ou Latine, ou la sienne
propre.*

*Or les François ont esté & sont autant civils en mœurs & loix,
courageux en faitz & gestes, que les Grecs & Rommains.*

Donc la langue Francoise n'est point barbare . . .

Et non seulement en cest endroit: mais en plusieurs autres tu es ainsi
inconsequent, les chapitres & propos ne depandant l'un de l'autre,
mais ainsi mis comme ils venoient de la pensée en la plume, & de
la plume au papier: tellement que tout l'œuvre est sans propos &
certaine consistence, sans theme proposé & certain, sans ordre
methodique, sans œconomie, sans but final avisé, sans continuelle
poursuite & sans consequence, tant en l'œuvre universel que en
chacune partie & chapitre d'iceluy & argumens des chapitres.

[pp. 21–2, n. 4]

Pourquoy la Langue Francoyse n'est si riche que la Greque &
Latine
Chapitre III

Et si nostre Langue n'est si copieuse & riche que la Greque ou
Latine, cela ne doit estre imputé au default d'icelle, comme si
d'elle mesme elle ne pouvoit jamais estre si non pauvre &
sterile: mais bien on le doit attribuer à l'ignorance de notz
majeurs, qui ayans (comme dict quelqu'un, parlant des
anciens Romains) en plus grande recommendation le bien
faire que le bien dire, & mieux aymans laisser à leur posterité
les exemples de vertu que les preceptes, se sont privez de la
gloyre de leurs bien faitz, & nous du fruict de l'immitation
d'iceux: & par mesme moyen nous ont laissé nostre Langue si
pauvre & nue, qu'elle a besoing des ornementz & (s'il fault
ainsi parler) des plumes d'autruy.

[pp. 22–3]

[Q.H.] *Tu accuses à grand tort & tresingratement l'ignorance de noz*
majeurs, que au 9. chapitre moins rudement tu appelles simplicité,
lesquels noz majeurs certes n'ont esté ne simples, ne ignorans, ny des
choses, ny des parolles. Guillaume de Lauris, Jean de Meung,
Guillaume Alexis, le bon moine de l'Yre, Messire Nicole Oreme,

Alain Chartier, Villon, Meschinot, & plusieurs autres n'ont point moins bien escrit, ne de moindres & pires choses, en la langue de leur temps propre & entiere, non peregrine, & pour lors de bon aloy & bonne mise, que nous à present en la nostre. [p. 23, n. 1]

Even Greek and Latin were once less perfect than at the summit of their achievements; they would have remained imperfect if writers had not striven to refine them.

Ainsi puys-je dire de nostre Langue, qui commence encores à fleurir sans fructifier, ou plus tost, comme une plante & vergette, n'a point encores fleury, tant se fault qu'elle ait apporté tout le fruict qu'elle pouroit bien produyre. Cela, certainement, non pour de default de la nature d'elle, aussi apte à engendrer que les autres: mais pour la coulpe de ceux qui l'ont euë en garde, & ne l'ont cultivée à suffisance, ains comme une plante sauvaige, en celuy mesmes desert ou elle avoit commencé à naitre, sans jamais l'arrouser, la tailler, ny defendre des ronces & epines qui luy faisoint umbre, l'ont laissée envieillir & quasi mourir.

[pp. 24-5]

This extended image, borrowed from Speroni like so much of this chapter, is continued to indicate how the Romans cultivated their language.

Donques si les Grecz & Romains, plus diligens à la culture de leurs Langues que nous à celle de la nostre, n'ont peu trouver en icelles, si non avecques grand labeur & industrie, ny grace, ny nombre, ny finablement aucune eloquence, nous devons nous emerveiller si nostre vulgaire n'est si riche comme il pourra bien estre, & de la prendre occasion de le mepriser comme chose vile & de petit prix? Le tens viendra (peut estre),

& je l'espere moyennant la bonne destinée Francoyse, que ce
noble & puyssant Royaume obtiendra à son tour les resnes de
la monarchie, & que nostre Langue (si avecques Francoys n'est
du tout ensevelie la Langue Francoyse) qui commence encore'
à jeter ses racines, sortira de terre, & s'elevera en telle hauteur
& grosseur, qu'elle se poura egaler aux mesmes Grecz &
Romains, produysant comme eux des Homeres, Demos-
thenes, Virgiles & Cicerons, aussi bien que la France a quelquesfois produit des Pericles, Nicies, Alcibiades, Themistocles,
Cesars & Scipions.

47/67   [pp. 26–8]

Que la Langue Francoyse n'est si pauvre que beaucoup l'estiment
Chapitre IIII

Je n'estime pourtant nostre vulgaire, tel qu'il est maintenant,
estre si vil & abject, comme le font ces ambicieux admirateurs
des Langues Grecque & Latine, qui ne penseroint, & feussent
ilz la mesme Pythô, déesse de persuasion, pouvoir rien dire de
bon, si n'etoit en Langaige etranger & non entendu du
vulgaire. Et qui voudra de bien pres y regarder, trouvera que
nostre Langue Francoyse n'est si pauvre, qu'elle ne puysse
rendre fidelement ce qu'elle emprunte des autres, si infertile,
qu'elle ne puysse produyre de soy quelque fruict de bonne invention, au moyen de l'industrie & diligence des cultiveurs
d'icelle, si quelques uns se treuvent tant amys de leur païz
& d'eux mesmes, qu'ilz s'y veillent employer.

[pp. 28–9]

[Q.H.] *Tu es de ceux là, car tu ne fais autre chose par tout l'œuvre,*
mesme au second livre, que nous induire à greciser & latiniser en
Françoys, vituperant tousjours nostre forme de poësie, comme vile &
populaire, attribuant à iceux toutes les vertus & louanges de bien

*dire & bien escrire, & par comparaison d'iceux monstres la povreté
de nostre langue, sans y remedier nullement & sans l'enrichir d'un
seul mot, d'une seule vertu, ne bref de rien, sinon que de promesses
& d'espoir, disant qu'elle pourra estre, qu'elle viendra, qu'elle sera,
etc. Mais quoy? quand, & comment? Est-ce là defense & illustration,
ou plustot offense et denigration? Car en tout ton livre n'y a un seul
chapitre, non pas une seule sentence, monstrant quelque vertu, lustre,
ornement, ou louange de nostre langue Françoise, combien qu'elle
n'en soit degarnie non plus que les autres, à qui le bien sçait
cognoistre.* [p. 28, n. 1]

Then follows a passage praising François I for his encour-
agement of the arts and sciences. As a result of his patronage,
not only poets but also philosophers, doctors and historians
have used the French language for their works. Even the
Bible has been translated into French. Du Bellay says he
is not going to be drawn into the controversy about whether
or not translations of sacred works are advisable; his only
purpose, he says, is to

. . . montrer que nostre Langue n'ha point eu à sa naissance les
dieux & les astres si ennemis, qu'elle ne puisse un jour parvenir au point d'excellence & de perfection, aussi bien que
les autres, entendu que toutes Sciences se peuvent fidelement
& copieusement traicter en icelle, comme on peut voir en
si grand nombre de livres Grecz & Latins, voyre bien Italiens,
Espaignolz & autres, traduictz en Francoys par maintes
excellentes plumes de nostre tens.

23/41   [pp. 31–2]

[Q.H.] La langue fidele interprete de toutes les autres & les
sciences se peuvent fidelement & copieusement traicter en
icelle: *ces deux lieux sont contradictoires au chapitre suyvant.*
[p. 31, n. 3]

*Que les Traductions ne sont suffisantes pour donner perfection à la
Langue Francoyse*
Chapitre V

Toutesfois ce tant louable labeur de traduyre ne me semble
moyen unique & suffisant, pour elever nostre vulgaire à l'egal
& parangon des autres plus fameuses Langues. Ce que je pretens
prouver si clerement, que nul n'y vouldra (ce croy je)
contredire, s'il n'est manifeste calumniateur de la verité.

[p. 32]

Du Bellay goes on as follows. He begins with an explanation: rhetoricians agree on the importance of *invention*,
eloquution, *disposition*, *memoire* and *pronuntiation*. The last
two are natural gifts and are not particularly connected
with language. *Disposition* is a question of *discretion* and of
jugement rather than of rules: consequently, as circumstances are almost infinitely variable, he says he will limit
his remarks to *invention* and *eloquution*. The orator's task
'est de chacune chose proposée elegamment & copieusement parler'. To do this, he needs an 'intelligence parfaite
des Sciences, les queles ont eté premierement traitées par
les Grecz, & puis par les Romains imitateurs d'iceux'. A
knowledge of Greek and Latin is therefore indispensable to
the orator who wishes to acquire 'cete copie et richesse
d'invention' which is so desirable.

Et quant à ce poinct, les fideles traducteurs peuvent grandement servir & soulagier ceux qui n'ont le moyen unique de
vacquer aux Langues estrangeres. Mais quand à l'eloquution,
partie certes la plus difficile, & sans la quelle toutes autres choses
restent comme inutiles & semblables à un glayve encores
couvert de sa gayne: eloquution (dy je) par la quelle principalement un orateur est jugé plus excellent, & un genre de dire

meilleur que l'autre: comme celle dont est apellée la mesme
eloquence: & dont la vertu gist aux motz propres, usitez, &
non aliénes du commun usaige de parler, aux methaphores,
alegories, comparaisons, similitudes, energies, & tant d'autres
figures & ornemens, sans les quelz tout oraison & poëme sont
nudz, manques & debiles: je ne croyray jamais qu'on puisse
bien apprendre tout cela des traducteurs, pour ce qu'il est impossible de le rendre avecques la mesme grace dont l'autheur
en a usé: d'autant que chacune Langue a je ne scay quoy
propre seulement à elle, dont si vous efforcez exprimer le naif
en une autre Langue, observant la loy de traduyre, qui est
n'espacier point hors des limites de l'aucteur, vostre diction
sera contrainte, froide, & de mauvaise grace.

[pp. 34–6]

A different proof of the same point is that a Latin translation of Homer, or a French translation of Virgil or Cicero,
is a pale copy of the original; the same is true of translations
of modern languages, e.g. Petrarch.

Voyla en bref les raisons qui m'ont fait penser que l'office &
diligence des traducteurs, autrement fort utile pour instruyre
les ingnorans des Langues etrangeres en la congnoissance des
choses, n'est suffisante pour donner à la nostre ceste perfection,
&, comme font les peintres à leurs tableaux, ceste derniere
main que nous desirons.

37/86   [p. 38]

Du Bellay gives one final proof: in general, Greeks and
Romans indulged in translations only for their private
pleasure and not for publication.

Des mauvais Traducteurs, & de ne traduyre les Poëtes
Chapitre VI

The chapter is perhaps closer to an attack on all translators
(with one exception) rather than on bad ones. A catalogue
of offences is drawn up: they betray the original; they mis-
lead the ignorant reader; they seek fame as *scavans* by translating languages in which they are not even competent
(probably an allusion to Marot's translations of the Psalms,
for example); they even translate poetry, which, of all the
genres, is the least adaptable to such a process because of its
'divinité d'invention'.

Strangely, Du Bellay makes an exception of those who
are commanded to make translations, even of poetry, by
'princes et seigneurs': they have no choice but to obey.
His criticism, he says, is directed at those who undertake
'telles choses legerement, & s'en aquitent de mesmes'.

O Apolon! O Muses! prophaner ainsi les sacrées reliques de
l'Antiquité? Mais je n'en diray autre chose. Celuy donques qui
voudra faire œuvre digne de prix en son vulgaire, laisse ce
labeur de traduyre, principalement les poëtes, à ceux qui de
chose laborieuse & peu profitable, j'ose dire encor' inutile,
voyre pernicieuse à l'acroissement de leur Langue, emportent
à bon droict plus de molestie que de gloyre.

9/36   [pp. 41–2]

We have already noted the more favourable views of Sebillet on
the subject of translation (p. 54). Chamard believes that Du Bellay's
intransigence is attributable more to his desire to 'faire échec aux
marotiques' than to stress the need for *invention* on the part of the
poet (*op. cit.*, pp. 187–8). See also p. 148.

Comment les Romains ont enrichy leur Langue
Chapitre VII

Si les Romains (dira quelqu'un) n'ont vaqué à ce labeur de traduction, par quelz moyens donques ont ilz peu ainsi enrichir leur Langue, voyre jusques à l'egaller quasi à la Greque? Immitant les meilleurs aucteurs Grecz, se transformant en eux, les devorant, & apres les avoir bien digerez, les convertissant en sang & nouriture, se proposant, chacun selon son naturel & l'argument qu'il vouloit elire, le meilleur aucteur, dont ilz observoint diligemment toutes les plus rares & exquises vertuz, & icelles comme grephes, ainsi que j'ay dict devant, entoint & apliquoint à leur Langue. Cela faisant (dy-je) les Romains ont baty tous ces beaux ecriz, que nous louons & admirons si fort: egalant ores quelqu'un d'iceux, ores les preferant aux Grecz.

[pp. 42–3]

> Du Bellay supports this argument by referring to the cases of Cicero and Virgil.

Je vous demande donq', vous autres, qui ne vous employez qu'aux translations, si ces tant fameux aucteurs se fussent amusez à traduyre, eussent ilz elevé leur Langue à l'excellence & hauteur ou nous la voyons maintenant? Ne pensez donques, quelque diligence & industrie que vous puissez mettre en cest endroict, faire tant que nostre Langue, encores rampante à terre, puisse hausser la teste & s'elever sur piedz.

24/36   [pp. 44–5]

D'amplifier la Langue Francoyse par l'immitation des anciens
Aucteurs Grecz & Romains
Chapitre VIII

Se compose donq' celuy qui voudra enrichir sa Langue, à l'immitation des meilleurs aucteurs Grez & Latins: & à toutes leurs plus grandes vertuz, comme à un certain but, dirrige la pointe de son style. Car il n'y a point de doute que la plus grand' part de l'artifice ne soit contenue en l'immitation, & tout ainsi que ce feut le plus louable aux Anciens de bien inventer, aussi est ce le plus utile de bien imiter, mesmes à ceux dont la Langue n'est encor' bien copieuse & riche. Mais entende celuy qui voudra immiter, que ce n'est chose facile de bien suyvre les vertuz d'un bon aucteur, & quasi comme se transformer en luy, veu que la Nature mesmes aux choses qui paroissent tressemblables, n'a sceu tant faire, que par quelque notte & difference elles ne puissent estre discernées. Je dy cecy, pour ce qu'il y en a beaucoup en toutes Langues, qui sans penetrer aux plus cachées & interieures parties de l'aucteur qu'ilz se sont proposé, s'adaptent seulement au premier regard, & s'amusant à la beauté des motz, perdent la force des choses. Et certes, comme ce n'est point chose vicieuse, mais grandement louable, emprunter d'une Langue etrangere les sentences & les motz, & les approprier à la sienne: aussi est ce chose grandement à reprendre, voyre odieuse à tout lecteur de liberale nature, voir en une mesme Langue une telle immitation, comme celle d'aucuns scavans mesmes, qui s'estiment estre des meilleurs, quand plus ilz ressemblent un Heroet ou un Marot. Je t'amonneste donques (ò toy, qui desires l'accroissement de ta Langue, & veux exceller en icelle) de non immiter à pié levé, comme n'agueres a dict quelqu'un, les plus fameux aucteurs d'icelle, ainsi que font ordinairement la plus part de notz poëtes Francoys, chose certes autant vicieuse, comme de nul profict à nostre vulgaire: veu que ce n'est autre chose (ò grande liberalité!) si non luy donner ce qui estoit à luy. Je voudroy bien que nostre Langue feust si riche d'exemples domestiques, que n'eussions besoing d'avoir recours aux etrangers. Mais si Virgile & Ciceron se feussent contentez d'immiter ceux de leur Langue, qu'auront les Latins outre Ennie ou Lucrece, outre Crasse ou Antoyne?

42/42   [pp. 45–8]

G

After dismissing translation as a suitable method of enriching French, Du Bellay expounds his theory of imitation. Once again, the idea is far from original: Chamard shows how three of the major points in Chapter VIII are not only borrowed but even translated from Quintilian. It is worth noting that one important reservation which Quintilian made is, however, omitted: Quintilian saw that *imitation* alone was insufficient, since it could restrict *invention*. The conflict between *imitation* and *invention* was to be one of the major problems confronting sixteenth century theoreticians.

The salient points in the theory might be summarised as follows:

1 *Imitation* is the most important means whereby the poet can improve his style.
2 *Imitation* is not an easy enterprise; perfect similitude is as rare as it is in nature.
3 *Imitation* involves more than the superficial attention to 'la beauté des motz', which risks missing 'la force des choses'.

As a principle, *imitation* is restricted to classical writers; Du Bellay criticises with great scorn and severity the *imitation* of French poets (Héroët and Marot), as was recommended by Sebillet (p. 54). Such a practice is 'grandement à reprendre', 'odieuse', 'vicieuse' as well as useless if one wishes to enrich the language. See also p. 185.

These two chapters do not conclude Du Bellay's remarks on *imitation*; he returns to the subject in Book II, Chapter III. (See p. 97.)

Responce à quelques objections
Chapitre IX

This chapter is a good example of the lack of order in the overall composition of the work. Du Bellay breaks off his description of the theory of imitation only to return to it later (Book II, Chapter III). He reverts to his defence of French against those who call it *barbare*. The main *objections* and Du Bellay's answers are summarised on the next page.

1 French is criticised because it does not decline and because it lacks feet and metre. Du Bellay's reply is (*a*) that this is the fault of previous generations, who were too easily satisfied with 'paroles nues'; (*b*) that French does, in fact, decline—for example, its nouns, pronouns and participles; (*c*) that the qualities which are lacking in French could be introduced if someone took the trouble to organise it. Chamard sees this as evidence that as early as 1549 the idea of *vers métriques ou mesurés* was being discussed at the *collège de Coqueret*.

2 Antiquity has a monopoly of excellence. Du Bellay cites the inventions of printing and gunpowder as examples which disprove the notion of the gradual decadence of nature the further one gets away from its inception.

3 There is no reason why French should not equal Greek and Latin in 'ornement et artifice'. Nor does the sound of French suffer by comparison with classical languages. Du Bellay obliquely but fiercely criticises other nationalities' mode of producing sounds.

4 Du Bellay maintains that the way in which modern France has equalled or surpassed the ancients in 'ars mecaniques' and in 'monarchie' is surely good reason to suppose that by 'longue et diligente immitation' they will one day manage to do the same in literature.

5 It is the divine law of nature that things pass from a state of excellence to a state of corruption; this final condition coincides with the birth of a new order. This general law (borrowed from Speroni) is applicable to literature.

6 If it be objected that French is a long time in achieving excellence the reply is simple: as in nature, a tree which flowers quickly soon dies, whereas one with deep roots lives longer. The image is again borrowed from Speroni.

*Que la Langue Francoyse n'est incapable de la Philosophie, &
pourquoy les Anciens estoint plus scavans que les hommes de notre
Aage*
Chapitre X

This chapter is a digression from the central argument. Du
Bellay again borrows heavily from Speroni in trying to
show how French is not inherently incapable of expressing
philosophical and scientific concepts. Translators have a role
to play here; they should not worry unduly if some Greek and
Latin terms seem intractable and remain 'comme etrangers'.

Et si on veut dire que la phylosophie est un faiz d'autres
epaules que de celles de notre Langue, j'ay dict au commencement de cet œuvre, & le dy encores, que toutes Langues sont
d'une mesme valeur, & des mortelz à une mesme fin d'un
mesme jugement formées. Parquoy ainsi comme sans muer des
coutumes ou de nation, le Francoys et l'Alement, non seulement le Grec ou Romain, se peut donner à phylosopher, aussi
je croy qu'à un chacun sa Langue puysse competemment
communiquer toute doctrine. Donques si la phylosophie
semée par Aristote & Platon au fertile champ Atique etoit
replantée en notre pleine Francoyse, ce ne seroit la jeter entre
les ronses & epines, ou elle devint sterile: mais ce seroit la
faire de loingtaine prochaine, & d'etrangere citadine de notre
republique.

[pp. 60–2]

Translation might well result in ideas being better understood and more valued in France than they were in the
country of their origin. In any case, nature is so important
that it is 'digne d'estre congneue & louée de toutes personnes, & en toutes Langues'.

Les ecritures & langaiges ont eté trouvez, non pour la

conservation de la Nature, la quelle (comme divine qu'elle
est) n'a mestier de nostre ayde: mais seulement à nostre bien &
utilité: affin que presens, absens, vyfz & mors, manifestans l'un à
l'autre le secret de notz cœurs, plus facilement parvenions
à notre propre felicité, qui gist en l'intelligence des Sciences,
non point au son des paroles: & par consequent celles langues
& celles ecritures devroint plus estre en usaige, les queles on
apprendroit plus facilement. Las & combien seroit meilleur
qu'il y eust au monde un seul langaige naturel, que d'employer
tant d'années pour apprendre des motz: & ce jusques à l'aage
bien souvent, que n'avons plus ny le moyen ny le loysir de
vaquer à plus grandes choses. Et certes songeant beaucoup
de foys, d'ou provient que les hommes de ce siecle generale-
ment sont moins scavans en toutes Sciences, & de moindre
prix que les Anciens, entre beaucoup de raysons je treuve cete
cy, que j'oseroy' dire la principale: c'est l'etude des Langues
Greque & Latine. Car si le tens que nous consumons
à apprendre les dites Langues estoit employé à l'etude des
Sciences, la Nature certes n'est point devenue si brehaigne,
qu'elle n'enfentast de nostre tens des Platons & des Aristotes.

[pp. 64–5]

Frenchmen are forced to spend twenty years or so learning
Greek, Latin or Hebrew.

Les quelz ans finiz, & finie avecques eux ceste vigueur &
promptitude qui naturellement regne en l'esprit des jeunes
hommes, alors nous procurons estre faictz phylosophes,
quand pour les maladies, troubles d'afaires domestiques, &
autres empeschementz qu'ameine le tens, nous ne sommes
plus aptes à la speculation des choses. Et bien souvent etonnez
de la difficulté & longueur d'apprendre des motz seulement,
nous laissons tout par desespoir, & hayons les Lettres premier

que les ayons goutées ou commencé à les aymer. Fault il donques laisser l'etude des Langues? Non, d'autant que les Arts & Sciences sont pour le present entre les mains des Grecz & Latins. Mais il se devroit faire à l'avenir qu'on peust parler de toute chose, par tout le monde, & en toute Langue.

[pp. 66–7]

No doubt language teachers and theologians would be against this; they long to retain for themselves the key to mysterious truths.

J'ay (ce me semble) deu assez contenter ceux qui disent que nostre vulgaire est trop vil & barbare, pour traiter si hautes matieres que la philosophie.

[p. 70]

But, says Du Bellay, there are other reasons if anyone wants them. Many apparently uncultivated countries have, in fact, been the seat of great philosophical learning; even the Greeks have recognised this.

We do not admire Plato and Aristotle because they are Greek but because of the truth of what they say.

Greek and Latin have always been associated with *les Arts & Sciences*, but (he prays) some day someone will come along and convince us that people are wrong to assume such subjects must inevitably be dealt with in Greek and Latin.

Our affection for foreign languages should not interfere with the development of our own.

Voyla quand aux disciplines. Je reviens aux poëtes & orateurs, principal object de la matiere que je traite, qui est l'ornement & illustration de notre Langue.

[pp. 73–4]

Qu'il est impossible d'egaler les Anciens en leurs Langues
Chapitre XI

[Q.H.] *Ce tiltre est tout contrariant à la position du precedent,*
maintenant faisant impossible ce que paravant tu esperois &
souhaitois estre fait.   [p. 74, n. 1]

There is no contradiction of the views expressed in the previous chapter. Du Bellay does not claim that a Frenchman
writing in French can never surpass a Greek writing in
Greek. He merely affirms that a Frenchman will never
write Greek, for example, so perfectly as a Greek.

Toutes personnes de bon esprit entendront assez que cela que
j'ay dict pour la deffence de notre Langue, n'est pour de-
couraiger aucun de la Greque & Latine: car tant s'en fault
que je soye de cete opinion, que je confesse & soutiens celuy
ne pouvoir faire œuvre excellent en son vulgaire, qui soit
ignorant de ces deux Langues, ou qui n'entende la Latine pour
le moins.

[pp. 74–5]

Knowledge of Greek or Latin should not make one despise
one's own language; it should convince one that it is better
to excel in one's own language than to be second rate in
Greek or Latin.

Du Bellay speaks scornfully of 'reblanchisseurs de
murailles' (p. 76), that is, those who are so besotted by the
reputation of Greek and Latin that they cannot see the
difference between the beauty of the originals and their
own shoddy imitations.

He repeats his belief that the reason Greece and Rome
were richer in poets and orators is that they did not waste
time learning foreign languages.

Ne pensez donques, immitateurs, troupeau servil, parvenir au point de leur excellence: veu qu'à grand' peine avez-vous appris leurs motz, & voyla le meilleur de votre aage passé. Vous deprisez nostre vulgaire, paravanture non pour autre raison, sinon que des enfance & sans etude nous l'apprenons, les autres avecques grand peine & industrie. Que s'il etoit comme la Greque & Latine pery & mis en reliquaire de livres, je ne doute point qu'il ne feust (ou peu s'en faudroit) aussi dificile à apprendre comme elles sont.

18/100   [pp. 82-3]

Although Du Bellay continues to borrow from Speroni in this chapter, many of the ideas echo those expressed earlier by Jacques Peletier in the *dédicace* to his translation of Horace's *Art Poétique* (1545).[6] Chamard describes this *dédicace* as 'une vibrante apologie de la langue nationale' and after an analysis of the similarities be-tween it and the *Deffence* he concludes: 'la *Deffence* est déjà là tout entière, ou peu s'en faut'.[7]

Much of the criticism in this chapter is directed at the neo-Latin poets whose activity during the preceding twenty-five years or so had resulted in the publication of numerous editions of Latin verse. This aspect of the humanist movement represented a serious threat to the development of French.[8]

Deffence de l'Aucteur
Chapitre XII

Du Bellay excuses himself from the possible criticism that he is excessive in his praise of French by citing the precedent

6 See Weinberg, B., *Critical Preferences of the French Renaissance*, Northwestern University Press, Evanston, Ill., 1950, pp. 111-15.
7 Chamard, *H.P.*, I, pp. 151-2.
8 Chamard, *H.P.*, I, pp.171-2; also Murasaru, D., *La Poesie néo-latine*

of Cicero, who did the same thing for Latin against the claims of Greek.

Je ne veux pas donner si hault loz à notre Langue, pour ce qu'elle n'a point encores ses Cicerons & Virgiles: mais j'ose bien asseurer que si les scavans hommes de notre nation la daignoint autant estimer que les Romains faisoint la leur, elle pouroit quelquesfoys & bien tost se mettre au ranc des plus fameuses. Il est tens de clore ce pas, afin de toucher particuliere- ment les principaux poinctz de l'amplification & ornement de notre Langue. En quoy (Lecteur) ne t'ebahis, si je ne parle de l'orateur comme du poëte. Car outre que les vertuz de l'un sont pour la plus grand' part communes à l'autre, je n'ignore point qu'Etienne Dolet, homme de bon jugement en notre vulgaire, a formé l'*Orateur Francoys*, que quelqu'un (peut estre) amy de la memoire de l'aucteur & de la France, mettra de bref & fidelement en lumiere.

16/28   [pp. 84–6]

We notice that Du Bellay feels the need to explain why, in the second book, he does not propose to deal with the orator; the rhetorical tradition of poetry lingers on.

   Dolet announced in *La Maniere de Bien Traduire d'une Langue en Aultre* (1540) that he had composed, in French, a comprehensive handbook entitled l'*Orateur Francoys* (only fragments of this have survived).[9] Du Bellay's praise of Dolet is understandable if we re- call that the latter had been an outstanding Latin specialist who be- came converted to the cause of the vernacular.

---

   et la Renaissance des Lettres antiques en France (1500–49), Gambier, Paris, 1928.
9 Chamard, *Deffence*, p. 86, n. 2; also Weinberg, *op. cit.*, pp. 77–83.

LE SECOND LIVRE

L'intention de l'Aucteur
Chapitre I

[Q.H.] *Ce chapitre & tous les autres suivans de ce second livre ne conviennent au tiltre de ton œuvre, ains à la poësie, qui est non la defense & illustration de la langue Françoise, mais une espece d'ouvrage en icelle langue:& n'est ne definition, ne espece, ne partie, ne cause de la langue, mais un effect & un œuvre, non d'icelle langue, mais par icelle plus pour volupté acquis que par necessité requis. Car pour bien parler, ou mettre par escrit en François, je ne vouldroie escrire ou dire à la forme des poëtes, sinon que je vousisse faire rire les gens, & se mocquer de moy en parlant poëtiquement en propos commun, comme tu fais: mais plustost comme les bons orateurs François, tant ceux qui ont escrit, que ceux qui ont à voix privée & publique tresbien dit, & encores tous les jours tresbien disent, és grandes cours imperiales, royales, principales & seigneur-iales, és grands conseilz, parlemens & ambassades, és conciles, assemblées des sages & bien parlans, és sermons & predications, és consulatz, syndicatz & gouvernemens politiques: ou en tresbon & pur langage François sont traitées & deduites diverses choses graves & honnestes, appartenantes & necessaires à la vie commune & à la conservation de la socialité des hommes, & non pas plaisantes folies & sottes amourettes, fables & propos d'un nid de souriz en l'oreille d'un chat. Et pleut à Dieu que iceux sages & eloquens hommes tant defuntz que encores vivans (desquels les noms assez renommez je tais) eussent voulu prendre le labeur de mettre par escrit leurs belles & bonnes & prudentes oraisons, harengues, actions, conseilz, sentences & parolles, en telle ou meilleure forme d'escriture qu'ils les ont prononcées à vive voix, ainsi que ont fait les orateurs, consulz, senateurs & imperateurs Grecs & Romains. Car par iceux seroit mieux defendue & illustree la langue Françoise, que par la sutile janglerie de la plus grande partie des poëtes, qui pour ce à bon droit sont blasmez . . . Non toutefois que je veuille du tout refuser les poëtes en l'illustration de la langue, comme celuy qui ay consumé ma jeunesse à la lecture d'iceux: mais que je ne voudroie si sottement niquenocquer, que de prendre le pyre pour le meilleur. Parquoy je conclu que tu en as prins une seule piece: & necessaire la moins usitée, la plus obscure, & la plus incognue de l'universelle armature Françoise (qui est appellée & dite en Grec πανοπλία, panoplie) pour la defense & illustration de la langue Françoise: & d'icelle jointe à ton œuvre, impertinemment tu as fait tout un livre second. Tout ainsi comme si tu eusses proposé en tiltre, non pas une defense & illustration, mais un art poëtique. Ce que, par tresbonne methode, a fait un autre par cy devant imprimé & non nommé, ne par luy, ne part autruy, ne par reversions, ne par lettres versales, ne autrement. Auquel je porte honneur & amour sans nullement le cognoistre: & non par envie, faulseté, ou autrement, & encor combien que en son œuvre & livre l'Art Poëtique Françoise a fraudé une partie de mes labeurs juvenilz, faitz & composez par mon entendement & savoir, depuis peu de temps en ça, & supprimez depuis plus de neuf ans, sur le neufieme livre, par trop grande crainte d'un Quintil, & conscience de la jeunesse (ou j'estoie alors) & de la foiblesse de mon esprit & peu de savoir, qui encore est. Mais quiconque soit iceluy auteur de l'Art Poëtique, il a escript methodiquement, & suivy son tiltre proposé par droit & continuel fil, ce que je voudroie [que] tu eusses fait. Or je revien à ma poursuyte.* [p. 87, n. 1]

Du Bellay once more refers to the connection between the poet and the orator. He repeats that the latter's art has already been treated by others in sufficient detail and says that 'pour le devoir en quoy je suys obligé à la patrie' (pp. 88–9) he now proposes to deal himself with the poet's art. He will not attempt to emulate Plato's description of poetry but will content himself with putting poets on the road towards achieving the excellence of the ancient writers.

Mettons donques pour le commencement ce que nous avons (ce me semble) assez prouvé au I. livre: c'est que sans l'immitation des Grecz & Romains nous ne pouvons donner à notre Langue l'excellence & lumiere des autres plus fameuses. Je scay que beaucoup me reprendront, qui ay osé le premier des Francoys introduyre quasi comme une nouvelle poësie: ou ne se tiendront plainement satisfaictz, tant pour la breveté dont j'ay voulu user, que pour la diversité des espris, dont les uns treuvent bon ce que les autres treuvent mauvais. Marot me plaist (dit quelqu'un) pour ce qu'il est facile, & ne s'eloigne point de la commune maniere de parler: Heroët (dit quelque autre) pour ce que tous ses vers sont doctes, graves & elabourez: les autres d'un autre se delectent. Quand à moy, telle superstition ne m'a point retiré de mon entreprinse, pour ce que j'ay tousjours estimé notre poësie Francoyse estre capable de quelque plus hault & meilleur style que celuy dont nous sommes si longuement contentez. Disons donques brevement ce que nous semble de notz poëtes Francoys.

22/41   [pp. 90–2]

[Q.H.] *Monstre donq' aucun exemple de ce plus hault & meilleur style. Quel est-il? Est ce escorcher le Latin, & contreminer l'Italien en Francois, & periphraser ou il n'est besoing?* en disant fils de vache *pour* veau *ou* bœuf, *de peur de faire la mouë. Est ce faire des vers tels que chantoient les prestres saliens danseurs, à eux mesmes (comme dit Quintilian) non entenduz? Si c'est cela un plus hault & meilleur style que le naif François, vrayement je le quite, & n'en vueil point.*   [p. 91, n. 4]

Des Poëtes Francoys
Chapitre II

De tous les anciens poëtes Francoys, quasi un seul, Guillaume du Lauris & Jan de Meun, sont dignes d'estre leuz, non tant pour ce qu'il y ait en eux beaucoup de choses qui se doyvent immiter des modernes, comme pour y voir quasi comme une premiere imaige de la Langue Francoyse, venerable pour son antiquité. Je ne doute point que tous les peres cryroint la honte estre perdue, si j'osoy' reprendre ou emender quelque chose en ceux que jeunes ilz ont appris: ce que je ne veux faire aussi, mais bien soutiens-je que celuy est trop grand admirateur de l'ancienneté, qui veut defrauder les jeunes de leur gloire meritée, n'estimant rien, comme dict Horace, si non ce que la mort a sacré, comme si le tens, ainsi que les vins, rendoit les poësies meilleures. Les plus recens, mesmes ceux qui ont esté nommez par Clement Marot en un certain epygramme à Salel, sont assez congneuz par leurs œuvres. J'y renvoye les lecteurs pour en faire jugement. Bien diray-je que Jan le Maire de Belges me semble avoir premier illustré & les Gaules & la Langue Francoyse, luy donnant beaucoup de motz & manieres de parler poëtiques, qui ont bien servy mesmes aux plus excellens de notre tens. Quand aux modernes, ilz seront quelquesfoys assez nommez: & si j'en vouloy' parler, ce seroit seulement pour faire changer d'opinion à quelques uns ou trop iniques ou trop severes estimateurs des choses, qui tous les jours treuvent à reprendre en troys ou quatre des meilleurs: disant qu'en l'un[10] default ce qui est le commencement de bien ecrire, c'est le scavoir, & auroit augmenté sa gloire de la moitié, si de la moitié il eust diminué son livre. L'autre,[11] outre sa ryme, qui n'est par tout bien riche, est tant denué de tous ces delices & ornementz poëtiques, qu'il merite plus le nom de phylosophe que de poëte. Un autre,[12] pour n'avoir encores rien mis en lumiere soubz son nom, ne merite qu'on luy donne le premier lieu: & semble (disent aucuns)

---

10 The reference is to Marot.
11 The reference is to Heroet.
12 The reference is to Saint-Gelais, who did not bother to publish many of his 'poèmes de circonstance'.

que par les ecriz de ceuz de son tens, il veille eternizer son nom, non autrement que Demade est ennobly par la contention de Demosthene, & Hortense de Ciceron. Que si on en vouloit faire jugement au seul rapport de la renommée, on rendroit les vices d'iceluy egaulz, voyre plus grands que ses vertuz, d'autant que tous les jours se lysent nouveaux ecriz soubz son nom, à mon avis aussi eloignez d'aucunes choses qu'on m'a quelquesfois asseuré estre de luy, comme en eux n'y a ny grace ny erudition. Quelque autre,[13] voulant trop s'eloingner du vulgaire, est tumbé en obscurité aussi difficile à eclersir en ses ecriz aux plus scavans comme aux plus ignares. Voyla une partie de ce que j'oy dire en beaucoup de lieux des meilleurs de notre Langue.

[pp. 92–7]

[Omission of seven lines]

Et si j'etoy' du nombre de ces anciens critiques juges des poëmes, comme un Aristarque & Aristophane, ou (s'il fault ainsi parler) un sergent de bande en notre Langue Francoyse, j'en mettroy' beaucoup hors de la battaille si mal armez, que se fiant en eux, nous serions trop eloingnez de la victoire ou nous devons aspirer.

[pp. 97–8]

Du Bellay continues by saying that he has no doubt that many people will be upset that he has passed critical judgment ('quasi comme juge souverain') on French poets whom they had been accustomed to admire.

. . . si j'etoy' enquis de ce que me semble de notz meilleurs poetes Francoys . . . je repondroy' (dy-je) qu'ilz ont bien ecrit, qu'ilz ont illustré notre Langue, que la France leur est

13 The reference is to Scève.

obligée: mais aussi diroy-je bien qu'on pouroit trouver en notre Langue (si quelque scavant homme y vouloit mettre la main) une forme de poësie beaucoup plus exquise, la quele il faudroit chercher en ces vieux Grecz & Latins, non point és aucteurs Francoys: pour ce qu'en ceux cy on ne scauroit prendre que bien peu, comme la peau & la couleur: en ceux la on peut prendre la chair, les oz, les nerfz & le sang.

[pp. 99–100]

If anyone feels disinclined to accept these reasons, Du Bellay says, he can advance another. According to Horace (whom 'je ne puis assez souvent nommer'), mediocrity, although permissible in other fields, is not to be tolerated in poetry.

J'ay bien voulu (Lecteur studieux de la Langue Françoyse) demeurer longuement en cete partie, qui te semblera (peut estre) contraire à ce que j'ay promis: veu que je ne prise assez haultement ceux qui tiennent le premier lieu en nostre vulgaire, qui avoy' entrepris de le louer & deffendre. Toutesfoys je croy que tu ne le trouveras point etrange, si tu consideres que je ne le puis mieux defendre, qu'atribuant la pauvreté d'iceluy, non à son propre & naturel, mais à la negligence de ceux qui en ont pris le gouvernement: & ne te puis mieux persuader d'y ecrire, qu'en te montrant le moyen de l'enrichir & illustrer, qui est l'imitation des Grecz & Romains.

86/120   [pp. 101–2]

Que le naturel n'est suffisant à celuy qui en Poësie veult faire
œuvre digne de l'immortalité
Chapitre III

Mais pource qu'en toutes Langues y en a de bons & de mauvais, je ne veux pas (Lecteur) que sans election &

jugement tu te prennes au premier venu. Il vauldroit beaucoup mieux ecrire sans immitation que ressembler un mauvais aucteur: veu mesmes que c'est chose accordée entre les plus scavans, le naturel faire plus sans la doctrine que la doctrine sans le naturel. Toutesfois, d'autant que l'amplification de nostre Langue (qui est ce que je traite) ne se peut faire sans doctrine & sans erudition, je veux bien avertir ceux qui aspirent à ceste gloire, d'immiter les bons aucteurs Grecz & Romains, voyre bien les Italiens, Hespagnolz & autres, ou du tout n'ecrire point, si non à soy (comme on dit) & à ses Muses. Qu'on ne m'allegue point icy quelques uns des nostres, qui sans doctrine, à tout le moins non autre que mediocre, ont acquis grand bruyt en nostre vulgaire. Ceux qui admirent voluntiers les petites choses, & deprisent ce qui excede leur jugement, en feront tel cas qu'ilz voudront: mais je scay bien que les scavans ne les mettront en autre ranc, que de ceux qui parlent bien Francoys, & qui ont (comme disoit Ciceron des anciens aucteurs Romains) bon esprit, mais bien peu d'artifice. Qu'on ne m'allegue point aussi que les poëtes naissent, car cela s'entend de ceste ardeur & allegresse d'esprit qui naturellement excite les poëtes, & sans la quele toute doctrine leur seroit manque & inutile. Certainement ce seroit chose trop facile, & pourtant contemptible, se faire eternel par renommée, si la felicité de nature donnée mesmes aux plus indoctes etoit suffisante pour faire chose digne de l'immortalité. Qui veut voler par les mains & bouches des hommes, doit longuement demeurer en sa chambre: & qui desire vivre en la memoire de la posterité, doit comme mort en soymesmes suer & trembler maintesfois, & autant que notz poëtes courtizans boyvent, mangent & dorment à leur oyse, endurer de faim, de soif & de longues vigiles. Ce sont les esles dont les ecriz des hommes volent au ciel. Mais afin que je retourne au commencement de ce propos, regarde nostre immitateur premierement ceux qu'il voudra immiter, & ce qu'en eux il poura, & qui se doit immiter, pour ne faire comme ceux qui, voulans aparoitre semblables à quelque grand seigneur, immiteront plus tost un petit geste & facon de faire vicieuse de luy, que ses vertuz & bonnes graces. Avant toutes choses, fault qu'il ait ce jugement de cognoitre ses forces & tenter combien ses epaules peuvent porter: qu'il sonde diligemment son naturel, & se compose à l'immitation de celuy dont il se sentira approcher de plus pres. Autrement son immitation ressembleroit celle du singe.

51/51   [pp. 103–7]

This chapter contains Du Bellay's comments on the relationship between *nature* and *art* as well as additional comments on the principle of imitation. There is a discussion of some of the implications of this chapter on pp. 121–5.

Quelz genres de poëmes doit elire le poëte Francoys
Chapitre IIII

Ly donques & rely premierement (ò Poëte futur), fueillete de main nocturne & journelle les exemplaires Grecz & Latins: puis me laisse toutes ces vieilles poësies Francoyses aux Jeux Floraux de Thoulouze & au Puy de Rouan: comme rondeaux, ballades, vyrelaiz, chantz royaulx, chansons, & autres telles episseries, qui corrumpent le goust de nostre Langue, & ne servent si non à porter temoingnaige de notre ignorance. Jéte toy à ces plaisans epigrammes, non point comme font au jourd'huy un tas de faiseurs de comtes nouveaux, qui en un dizain sont contens n'avoir rien dict qui vaille aux ix. premiers vers, pourveu qu'au dixiesme il y ait le petit mot pour rire: mais à l'immitation d'un Martial, ou de quelque autre bien approuvé, si la lascivité ne te plaist, mesle le profitable avecques le doulz. Distile avecques un style coulant & non scabreux ces pitoyables elegies, à l'exemple d'un Ovide, d'un Tibule & d'un Properce, y entremeslant quelquesfois de ces fables anciennes, non petit ornement de poësie. Chante

H

moy ces odes incongnues encor' de la Muse Francoyse, d'un
luc, bien accordé au son de la lyre Greque & Romaine: &
qu'il n'y ait vers, ou n'aparoisse quelque vestige de rare &
antique erudition. Et quand à ce, te fourniront de matiere les
louanges des Dieux & des hommes vertueux, le discours fatal
des choses mondaines, la solicitude des jeunes hommes, comme
l'amour, les vins libres, & toute bonne chere. Sur toutes choses,
prens garde que ce genre de poëme soit eloingné du vulgaire,
enrichy & illustré de motz propres & epithetes non oysifz,
orné de graves sentences, & varié de toutes manieres de
couleurs & ornementz poëtiques, non comme un *Laissez la*
verde couleur, Amour avecques Psyches, O combien est heureuse, &
autres telz ouvraiges, mieux dignes d'estre nommez chansons
vulgaires qu'odes ou vers lyriques. Quand aux epistres, ce
n'est un poëme qui puisse grandement enrichir nostre vulgaire,
pource qu'elles sont volontiers de choses familieres & domestiques, si tu ne les voulois faire à l'immitation d'elegies, comme
Ovide, ou sentencieuses & graves, comme Horace. Autant te
dy-je des satyres, que les Francois, je ne scay comment, ont
apellées coqz à l'asne: es quelz je te conseille aussi peu t'exercer,
comme je te veux estre aliene de mal dire, si tu ne voulois, à
l'exemple des Anciens, en vers heroiques (c'est à dire de x
à xi, & non seulement de viii à ix), soubz le nom de satyre,
& non de cete inepte appellation de coq à l'asne, taxer modes-
tement les vices de ton tens, & pardonner aux noms des
personnes vicieuses. Tu has pour cecy Horace, qui, selon
Quintilian, tient le premier lieu entre les satyriques. Sonne
moy ces beaux sonnetz, non moins docte que plaisante invention Italienne, conforme de nom à l'ode, & differente
d'elle seulement pource que le sonnet a certains vers reiglez &
limitez, & l'ode peut courir par toutes manieres de vers
librement, voyre en inventer à plaisir, à l'exemple d'Horace,
qui a chanté en xix. sorte de vers, comme disent les gram-
mariens. Pour le sonnet donques tu as Petrarque & quelques

modernes Italiens. Chante moy d'une musette bien resonnante
& d'une fluste bien jointe ces plaisantes ecclogues rustiques,
à l'exemple de Thëocrit & de Virgile: marines à l'exemple de
Sennazar, gentilhomme Nëapolitain. Que pleust aux Muses,
qu'en toutes les especes de poësie que j'ay nommées, nous
eussions beaucoup de telles immitations, qu'est cete ecclogue
sur la naissance du filz de Monseigneur le Dauphin, à mon
gré un des meilleurs petiz ouvraiges que fist onques Marot.
Adopte moy aussi en la famille Françoyse ces coulans &
mignars hendecasyllabes, à l'exemple d'un Catulle, d'un
Pontan & d'un Second: ce que tu pouras faire, si non en
quantité, pour le moins en nombre de syllabes.

73/79   [pp. 107–25]

Du Bellay's denunciation of the ancient verse forms elicited
a powerful response from Barthelemy Aneau.

[Q.H.] *Par laquelle trop superbe dehortation sont indignement &
trop arrogamment deprisées deux tresnobles choses. Dont l'une est
l'institution ancienne en deux tresbonnes villes de France de l'honneur
attribué aux mieux faisans, pour l'entretien eternel de la poësie
Françoise, jouxte le proverbe:* l'honneur nourrit les ars. . . .
*L'autre est l'excellence & noblesse de noz poëmes les plus beaux &
les plus artificielz, comme rondeaux, balades, chans royaux, virlais,
lesquels tu nommes, par terrible translation, espicerie corrumpant
le goust: qui toutefois en toute perfection d'art & invention excedent
tes beaux sonnets & odes (que tu nommes ainsi) desquelz plus
amplement cy apres je parleray . . . Mais ce que te fait les depriser,
à mon advis que c'est la dificulté d'iceux poëmes, qui ne sortent
jamais de povre esprit, & d'autant sont plus beaux que de difficile
facture.* . . .   [p. 109, n. 1]

*Ceste caution est contre le precept d'Horace qui veult le poëme estre
tel que l'honneur d'iceluy soit acquis des choses & paroles prinses au*

*mylieu de la communauté des hommes, tellement que tout lecteur &
auditeur en pense bien povoir autant faire, & toutefois n'y puisse
avenir. Tel (à la verité) qu'a esté Marot. Et toy au contraire,
commandes de estranger la poësie, disant que ne escris sinon aux
doctes: qui neantmoins sans ta singerie & devisée poësie entendent
la Greque & les vertus d'icelle.* [p. 114, n. 1]

One can discern a distinct polemical element in these recommendations. Sebillet is attacked for his definitions (compare, for example,
Du Bellay's comments with those of Sebillet on the *epigramme*,
pp. 38–40, the *sonnet*, pp. 40–2, and the *ode*, p. 47). Marot and Saint-
Gelais are also criticised. When these three define or practise a *genre*
which has a classical origin, Du Bellay's tactic is to propose a change
from the tone they favour by means of a change in the authors to be
imitated. See, for example, Du Bellay's comments on the *epigramme*,
the *elegie* and the *epistre* and compare them with Sebillet's on pp. 38,
49–50. Of course, Du Bellay does not refer to the fact that the sonnet
was introduced into France by Marot and was adopted by Saint-
Gelais.

Du long poëme Francoys
Chapitre V

A whole chapter is devoted to the long epic poem in
French. When a poet is in possession of all the necessary
qualities (e.g. a wide knowledge of *Ars & Sciences*, of Greek
and Latin authors and 'la vie humaine') and when he has
all the material advantages (e.g. when he is free from all
household cares or public responsibility) he may then
undertake the most important task in the development of
French. This will be to do for French what Ariosto did for
Italian: write an epic in French fit to compare with Homer
and Virgil.

Comme luy donq', qui a bien voulu emprunter de nostre
Langue les noms & l'hystoire de son poëme, choysi moy quelque

un de ces beaux vieulx romans Francoys, comme un *Lancelot*,
un *Tristan*, ou autres: & en fay renaitre au monde un admirable
Iliade & laborieuse *Eneïde*.

[pp. 128–9]

Du Bellay then begins a digression. Instead of giving details
about the epic poem, he deals with the way in which those
whose interest is to 'orner & amplifier notz romans' could
be of assistance to the poet in gathering together fragments
of old French chronicles in order to 'en batir le cors entier
d'une belle histoire'.

Tel œuvre certainement seroit à leur immortelle gloire,
honneur de la France, & grande illustration de nostre Langue.

[p. 131]

He then borrows heavily from Cicero to defend himself
against those who might criticise him for setting too high
standards for the writer of the epic poem.

By means of discreet classical allusion Du Bellay in-
directly suggests that the king, Henry II, and the court
might look favourably on any poet who undertook such
an arduous task for the permanent honour of his country.

Or neantmoins quelque infelicité de siecle ou nous soyons,
toy à qui les Dieux & les Muses auront eté si favorables comme
j'ay dit, bien que tu soyes depourveu de la faveur des hommes,
ne laisse pourtant à entreprendre un œuvre digne de toy, mais
non deu à ceux, qui tout ainsi qu'ilz ne font choses louables,
aussi ne font ilz cas d'estre louez. Espere le fruict de ton labeur
de l'incorruptible & non envieuse posterité: c'est la Gloire,
seule echelle par les degrez de la quele les mortelz d'un pié
leger montent au Ciel & se font compaignons des Dieux.

[p. 136]

In spite of the fact that a whole chapter is devoted to the epic poem Du Bellay has little of substance to say here. Peletier (p. 170) and Ronsard (pp. 209–14) deal with the subject at greater length. Sebillet's remarks (p. 54) are extremely brief; Marot and his contemporaries did not dream of the long epic poem as the Pléiade were to later.

D'inventer des motz, & quelques autres choses que doit observer le poëte Francoys
Chapitre VI

. . . je veux bien avertir celuy qui entreprendra un grand œuvre, qu'il ne craigne point d'inventer, adopter & composer à l'immitation des Grecz quelques motz Francoys, comme Ciceron se vante d'avoir fait en sa Langue.

[p. 137]

If the Greeks and Romans had refused to invent words, their languages would not have become so rich.

Nul, s'il n'est vrayment du tout ignare, voire privé de sens commun, ne doute point que les choses n'ayent premierement eté: puis apres, les motz avoir eté inventez pour les signifier: & par consequent aux nouvelles choses estre necessaire imposer nouveaux motz, principalement és Ars, dont l'usaige n'est point encores commun & vulgaire, ce qui peut arriver souvent à nostre poëte, au quel sera necessaire emprunter beaucoup de choses non encor' traitées en nostre Langue. Les ouvriers (afin que je ne parle des Sciences liberales) jusques aux laboureurs mesmes, & toutes sortes de gens mecaniques, ne pouroint conserver leurs metiers, s'ilz n'usoint de motz à eux usitez & à nous incongneuz. Je suis bien d'opinion que les procureurs & avocatz usent des termes propres à leur profession sans rien innover: mais vouloir oter la liberté à un scavant homme, qui voudra enrichir sa Langue, d'usurper quelquefois des vocables non vulgaires, ce seroit retraindre notre Langaige, non encor' assez riche, soubz une trop plus rigoreuse loy, que celle que les Grecz & Romains se sont donnée. Les quelz, combien qu'ilz feussent sans comparaison plus que nous copieux & riches, neantmoins ont concedé aux doctes hommes user souvent de motz non acoutumés és choses non acoutumées. Ne crains donques, Poëte futur, d'innover quelques termes, en un long poëme principalement, avecques modestie toutesfois, analogie & jugement de l'oreille, & ne te soucie qui le treuve bon ou mauvais: esperant que la posterité l'approuvera, comme celle qui donne foy aux choses douteuses, lumiere aux obscures, nouveauté aux antiques, usaige aux non accoutumées, & douceur aux apres & rudes. Entre autres choses, se garde bien nostre poëte d'user de noms propres Latins ou Grecz, chose vrayment aussi absurde, que si tu appliquois une piece de velours verd à une robe de velours rouge.

[pp. 138–41]

The poet should invent a French-sounding form for all proper nouns taken from foreign languages.

Tu doibz pourtant user en cela de jugement & discretion, car il y a beaucoup de telz noms, qui ne se peuvent approprier en Francoys: les uns monosyllabes, comme *Mars*: les autres dissyllabes, comme *Venus*: aucuns de plusieurs syllabes, comme *Jupiter*, si tu ne voulois dire *Jove*: & autres infinitz, dont je ne te scauroy' bailler certaine reigle. Parquoy je renvoye tout au jugement de ton oreille. Quand au reste, use de motz purement Francoys, non toutesfois trop communs, non point aussi trop inusitez, si tu ne voulois quelquefois usurper, & quasi comme enchasser, ainsi qu'une pierre precieuse & rare, quelques motz antiques en ton poëme, à l'exemple de Virgile, qui a usé de ce mot *olli* pour *illi, aulaï* pour *aulæ,* & autres. Pour ce faire, te faudroit voir tous ces vieux romans & poëtes Françoys, ou tu trouverras un *ajourner* pour *faire jour* (que les praticiens se sont fait propre), *anuyter* pour *faire nuyt, assener* pour *frapper ou on visoit,* & proprement d'un coup de main, *isnel* pour *leger,* & mil' autres bons motz, que nous avons perduz par notre negligence. Ne doute point que le moderé usaige de telz vocables ne donne grande majesté tant au vers comme à la prose: ainsi que font les reliques des sainctz aux croix & autres sacrez joyaux dediez aux temples.

66/82   [pp. 141–3]

As the title partly suggests, this chapter concentrates on (*a*) the invention of new words, (*b*) the refurbishing of old ones. Du Bellay deals more directly with style (as opposed to language) in Book II, Chapter IX. The contents of this chapter are discussed in the conclusion on Du Bellay on p. 119.

De la rythme & des vers san rythme
Chapitre VII

Quand à la rythme, je suy' bien d'opinion qu'elle soit riche, pour ce qu'elle nous est ce qu'est la quantité aux Grecz & Latins. Et bien que n'ayons cet usaige de piez comme eux, si est ce que nous avons un certain nombre de syllabes en chacun genre de poëme, par les quelles, comme par chesnons, le vers Francois lié & enchainé est contraint de se rendre en cete etroite prison de rythme, soubz la garde le plus souvent d'une couppe feminine,[14] facheux & rude gëolier, & incongnu

14 'La *coupe féminine* est la présence d'un *e* muet à la césure (c'est à dire au 4ᵉ pied dans le décasyllabe, au 6ᵉ dans l'alexandrin). Exemple: «L'heureuse branche(e) à Pallas consacrée» (Olive, s. iv). La césure devant tomber sur une syllabe pleine (et ne pouvant plus, depuis

des autres vulgaires. Quand je dy que la rythme doit estre riche, je n'entens qu'elle soit contrainte, & semblable à celle d'aucuns, qui pensent avoir fait un grand chef d'œuvre en Francoys, quand ilz ont rymé un *imminent* & un *eminent*, un *misericordieusement* & un *melodieusement*,[15] & autres de semblable farine, encores qu'il n'y ait sens ou raison qui vaille. Mais la rythme de notre poëte sera voluntaire, non forcée: receüe, non appellée: propre, non aliene: naturelle, non adoptive: bref, elle sera telle, que le vers tumbant en icelle ne contentera moins l'oreille, qu'une bien armonieuse musique tumbante en un bon & parfait accord. Ces equivoques[16] donq' & ces simples rymez avecques leurs composez, comme un *baisser* & *abaisser*,[17] s'ilz ne changent ou augmentent grandement la signification de leurs simples, me soint chassez bien loing: autrement, qui ne voudroit reigler sa rythme comme j'ay dit, il vaudroit beaucoup mieux ne rymer point, mais faire des vers libres, comme a fait Petrarque en quelque endroit, & de notre tens le seigneur Loys Aleman, en sa non moins docte que plaisante *Agriculture*. Mais tout ainsi que les peintres & statuaires mettent plus grand' industrie à faire beaux & bien proportionnez les corps qui sont nuds, que les autres: aussi faudroit-il bien que ces vers non rymez feussent bien charnuz & nerveuz, afin de compenser par ce moyen le default de la rythme. Je n'ignore point que quelques uns ont

---

Jean Lemaire, tomber sur une muette), il faut qu'au 5ᵉ pied dans le vers de ce genre (au 7ᵉ dans l'alexandrin) l'*e* muet s'élide, et cette élision n'est possible que si le mot suivant commence par une voyelle: ce qui crée au poète une difficulté.'—Chamard, *Deffence*, p. 145, n. 1. See Sebillet, p. 27.

15 Du Bellay seems to be thinking of a rhyme by Peletier, who was a fervent supporter of the *rime riche* (see p. 163 and Chamard, *Deffence*, p. 145, n. 2).

16 Du Bellay, as one might expect, rejects the ethos of the *Grands Rhétoriqueurs'* rhymes.

17 This is an attack on Sebillet; see p. 35.

fait une division de rythme, l'une en son & l'autre en ecriture, a cause de ces dyphthongues *ai, ei, oi,* faisant conscience de rymer *maitre & prestre, fontaines & Athenes, connoitre & naitre.*[18] Mais je ne veulx que notre poëte regarde si supersticieusement à ces petites choses: & luy doit suffire que les deux dernieres syllabes soint unisones, ce qui arriveroit en la plus grand' part, tant en voix qu'en ecriture, si l'orthographe Francoyse n'eust point éte depravée par les praticiens. Et pour ce que Loys Mégret non moins amplement que doctement a traité cete partie, Lecteur, je te renvoye à son livre:[19] & feray fin à ce propos, t'ayant sans plus averti de ce mot en passant, c'est que tu gardes de rythmer les motz manifestement longs avecques les brefz aussi manifestement brefz, comme un *pásse & trace,* un *máitre & mettre,* un *chevelúre & hure,* un *bast & bat,* & ainsi des autres.

53/53   [pp. 144–50]

[Q.H.] *Comme tu as jeté les plus belles formes de la poësie Françoise, ainsi maintenant rejectes tu la plus exquise sorte de ryme que nous ayons, moyennant qu'elle ne soit affectée & cerchée trop curieusement. Et en cecy tu blasmes taisiblement Meschinot, Molinet, Cretin & Marot, tels personnages que chacun les cognoit. Mais comme j'ay dit des chants royaux, balades, rondeaux & virlais, la difficulté des equivoques, qui ne te viennent pas tousjours à propos, les te fait rejecter.* [p. 146, n. 2]

De ce mot rythme, de l'invention des vers rymez, & de quelques autres antiquitez usitées en notre Langue
Chapitre VIII

Du Bellay discusses the confusion in poetic terminology caused by his forebears' misunderstanding of Greek and

18 Another attack on Sebillet; see Gaiffe, *op. cit.,* pp. 84–6.
19 *Traité touchant le commun usage de l'Escriture Françoise* (1542).

Latin terms. He draws heavily on the researches of Jean Lemaire de Belges, which demonstrated the importance of the Gauls in the development of poetry. Acknowledging that there is sufficient evidence from other sources to fill a book, Du Bellay affirms that he is merely concerned to indicate the antiquity and importance, in the French language, of anagrams and acrostics.

Chamard maintains (*Deffence*, p.154) that the presence of this extraordinary irrelevance is due to the influence of Dorat, who was 'très versé dans ces jeux d'esprit, et qui s'était fait en particulier un renom véritable pour son adresse à composer des anagrammes'.

Observation de quelques manieres de parler Francoyses
Chapitre IX

J'ay declaré en peu de paroles ce qui n'avoit encor' eté (que je saiche) touché de notz rhetoriqueurs Francoys. Quand aux couppes feminines, apostrophes, accens, l'*é* masuclin & l'*é* feminin, & autres telles choses vulgaires, notre poëte les apprendra de ceux qui en ont ecrit.[20] Quand aux especes de vers, qu'ilz veulent limiter, elles sont aussi diverses que la fantasie des hommes & que la mesme Nature. Quand aux vertuz & vices du poëme, si diligemment traités par les anciens, comme Aristote, Horace, & apres eux Hieronyme Vide:[21] quand aux figures des sentences & des motz, a toutes

20 That is, in the various *Arts de seconde rhétorique* or in Sebillet's *Art Poétique*.

21 Marcus Hieronymous Vida, Italian author of an *Art poétique* (1527). Some commentators have claimed that his work was an important source for the Pléiade. Castor argues that there is insufficient evidence for this, 'in fact the striking difference in quality between Pléiade accounts of the process of imitation and Vida's account leads me to suspect that the former did not read Vida with any great care' (*op. cit.*, p. 69, n. 2).

les autres parties de l'eloquution, les lieux de commiseration, de joye, de tristesse, d'ire, d'admiration, & toutes autres commotions de l'ame: je n'en parle point apres si grand nombre d'excellens phylosophes & orateurs qui en ont traicté, que je veux avoir eté bien leuz & releuz de nostre poëte, premier qu'il entreprenne quelque hault & excellent ouvraige.

[pp. 158–60]

Du Bellay advises the poet to imitate Greek and Latin as far as possible.

Uses donques hardiment de l'infinitif pour le nom, comme *l'aller*, *le chanter*, *le vivre*, *le mourir*. De l'adjectif substantivé, comme *le liquide des eaux*, *le vuide de l'air*, *le fraiz des umbres*, *l'epes des forestz*, *l'enroué des cimballes*, pourveu que telle maniere de parler adjoute quelque grace & vehemence: & non pas, *le chault du feu*, *le froid de la glace*, *le dur du fer*, & leurs semblables. Des verbes & participes, qui de leur nature n'ont point d'infinitifz apres eux, avecques des infinitifz, comme *tremblant de mourir* & *volant d'y aller*, *pour craignant de mourir* & *se hatent d'y aller*. Des noms pour les adverbes, comme *ilz combattent obstinez*, pour *obstinéement*, *il vole leger*, pour *legerement*, & mil' autres manieres de parler, que tu pouras mieux observer par frequente & curieuse lecture, que je ne te les scauroy' dire.[22]

[pp. 160–1]

Du Bellay advises the poet to use antonomasia (the substitution of an epithet or a striking characteristic for a proper name; e.g. '*le Pere foudroyant*, pour *Jupiter*') and associated rhetorical devices in imitation of Greek and Latin.

22 Further details on these 'tours poëtiques' can be found in Marty-Laveaux, *Langue de la Pléiade*, Slatkine, Geneva, n.d., Vol. II, pp. 28–40, and in Chamard, *H.P.* IV, 76–8.

Quand aux epithetes, qui sont en notz poëtes Francoys la plus grand' part ou froids ou ocieux ou mal à propos, je veux que tu en uses de sorte, que sans eux ce que tu diras seroit beaucoup moindre, comme la *flamme devorante*, les *souciz mordans*, la *gehinnante sollicitude*: & regarde bien qu'ilz soint convenables, non seulement à leurs substantifz, mais aussi à ce que tu decriras, afin que tu ne dies l'*eau' undoyante*, quand tu la veux decrire *impetueuse*, ou la *flamme ardente*, guard tu la veux montrer *languissante*. Tu as Horace entre les Latins fort heureux en cecy, comme en toutes choses. Garde toy aussi de tumber en un vice commun, mesmes aux plus excellens de nostre Langue, c'est l'omission des articles.[23] Tu as exemple de ce vice en infiniz endroictz de ces petites poësies Francoyses. J'ay quasi oublié un autre default bien usité, & de tres mauvaise grace.[24] C'est quand en la quadrature des vers heroïques la sentence est trop abruptement couppée, comme: *Si non que tu en montres un plus seur*. Voyla ce que je te vouloy' dire brevement de ce que tu doibz observer tant au vers, comme à certaines manieres de parler, peu ou point encor' usitées des Francoys. Il y en a qui fort supersticieusement entremeslent les vers masculins avecques les feminins, comme on peut voir aux *Psalmes* traduictz par Marot. Ce qu'il a observé (comme je croy') afin que plus facilement on les peust chanter sans varier la musique, pour la diversité des meseures qui se trouverroint à la fin des vers. Je treuve cete diligence fort bonne, pourveu que tu n'en faces point de religion jusques à contreindre ta diction pour observer telles choses.[25] Regarde

23 Compare Ronsard, p. 201.
24 Du Bellay now switches back to a question of rhythm which had already been the subject of Chapters VII and VIII.
25 Compare this early Pléiade comment with later ones by Peletier, p. 167, and Ronsard, p. 191.

'Ainsi, des raisons musicales avaient décidé la Pléiade, après une hostilité de très courte durée, à pratiquer dans ses pièces lyriques une disposition régulière et constante des masculines et des feminines,

principalement qu'en ton vers n'y ait rien dur, hyulque ou redundant. Que les periodes soint bien joinctz, numereux, bien remplissans l'oreille, & telz qu'ilz n'excedent point ce terme & but, que naturellement nous sentons, soit en lisant ou ecoutant.

71/94   [pp. 162–6]

De bien prononcer les vers
Chapitre X

Ce lieu ne me semble mal à propos, dire un mot de la pronunciation, que les Grecz appellent ὑπόκρισις, afin que s'il t'avient de reciter quelquesfois tes vers, tu les pronunces d'un son distinct, non confuz: viril, non effeminé: avecques une voix accommodée à toutes les affections que tu voudras exprimer en tes vers. Et certes comme icelle pronunciation & geste approprié à la matiere que lon traite, voyre par le jugement de Demosthene, est le principal de l'orateur: aussi n'est-ce peu de chose que de prononcer ses vers de bonne grace: veu que la poësie (comme dit Ciceron) a eté inventée par observation de prudence & mesure des oreilles: dont le jugement est tressuperbe, comme de celles qui repudient toutes choses apres et rudes, non seulement en composition & structure de motz, mais aussi en modulation de voix. Nous lisons cete grace de prononcer avoir eté fort excellente en Virgile, & telle qu'un poëte de son tens disoit que les vers de luy, par luy pronuncez, etoint sonoreux et graves: par autres, flacques & effeminez.

20/20   [pp. 166–8]

—disposition qui devait bientôt aboutir à l'alternance absolue de ces rimes . . .

Apres 1555, on l'a bien rarement violée. Et c'est ainsi que, par l'effort de la Pléiade, elle est devenue pour trois siècles,—jusqu'à l'école symboliste,—une des lois fondamantales de notre versification' (Chamard, *H.P.*, IV, pp. 131–3).

This chapter is a further example of the importance Du Bellay attached to the musical qualities of poetry. See Chamard, *H.P.*, IV, p. 133.

De quelques observations oultre l'Artifice, avecques une Invective contre les mauvais poëtes Francoys
Chapitre XI

Du Bellay says he does not intend to spend long on the present chapter because a poet's 'bon jugement' will stand him in good stead.

Du tens donques & du lieu qu'il fault elire pour la cogitation, je ne luy en bailleray autres preceptes, que ceux que son plaisir & sa disposition luy ordonneront. Les uns ayment les fresches umbres des forestz, les clers ruisselez doucement murmurans parmy les prez ornez & tapissez de verdure. Les autres se delectent du secret des chambres & doctes etudes. Il fault s'accommoder à la saison & au lieu. Bien te veux-je avertir de chercher la solitude & le silence amy des Muses, qui aussi (affin que ne laisses passer cete fureur divine, qui quelquesfois agite & echaufe les espris poëtiques, & sans la quele ne fault point que nul espere faire chose qui dure) n'ouvrent jamais la porte de leur sacré cabinet, si non à ceux qui hurtent rudement. Je ne veux oublier l'emendation, partie certes la plus utile de notz etudes. L'office d'elle est ajouter, oter, ou muer à loysir ce que cete premiere impetuosité & ardeur d'ecrire n'avoit permis de faire. Pourtant est il necessaire, afin que noz ecriz, comme enfans nouveaux nez, ne nous flattent, les remettre à part,[26] les revoir souvent, & en la maniere des ours, à force de lecher, leur donner forme & facon de membres, non im-mitant ces importuns versificateurs . . . qui rompent à toutes

26 See Peletier, p. 146.

heurs les oreilles des miserables auditeurs par leurs nouveaux
poëmes. Il ne fault pourtant y estre trop supersticieux, ou
(comme les elephans leurs petiz) estre x. ans à enfanter ses
vers. Sur tout nous convient avoir quelque scavant & fidele
compaignon,[27] ou un amy bien familier, voire trois ou
quatre, qui veillent & puissent congnoitre noz fautes, & ne
craignent point blesser nostre papier avecques les ungles.
Encores te veux-je advertir de hanter quelquesfois, non seulement les scavans, mais aussi toutes sortes d'ouvriers & gens
mecaniques, comme mariniers, fondeurs, peintres, engraveurs
& autres, scavoir leurs inventions, les noms des matieres, des
outilz, & les termes usitez en leurs ars & metiers, pour tyrer de
la ces belles comparaisons & vives descriptions de toutes
choses.[28]

[pp. 169–72]

Du Bellay then addresses some scornful remarks to those
who despise French and, more particularly, to *rymeurs* and
versificateurs: the poet he is thinking of would be fully
equipped to 'sortir à la campaigne' and take his place at the
side of the Greeks and Latins; the *rymeurs*, on the other hand,
are fit only to stay at the rear of the battle with the 'paiges
& laquais'.

. . . ou bien (car j'ay pitié de vous) soubz les fraiz umbraiges,
aux sumptueux palaiz des grands seigneurs & cours magnifiques
des princes, entre les dames & damoizelles, ou votz beaux &
mignons ecriz, non de plus longue durée que vostre vie,
seront receuz, admirés & adorés: non point aux doctes etudes
& riches byblyotheques des scavans. Que pleust aux Muses,
pour le bien que je veux à nostre Langue, que votz ineptes

27 See Peletier, p. 176.
28 See Peletier, p. 174, and Ronsard, pp. 191–2.

œuvres feussent bannys, non seulement de la (comme ilz
sont) mais de toute la France.

[pp. 173-4]

Du Bellay expresses the wish that a law existed in France,
as it did under Alexander, that no work should be published
'si premierement il n'avoit enduré la lyme de quelque
scavant homme' (p. 174).

Les medicins (dict il) promettent ce qui appartient aux medicins, les feuvres traictent ce qui appartient aux feuvres: mais
nous ecrivons ordinairement des poëmes autant les indoctes
comme les doctes. Voyla pourquoy ne se fault emerveiller,
si beaucoup de scavans ne daignent au jourd'huy ecrire en
nostre Langue, & si les etrangers ne la prisent comme nous
faisons les leur, d'autant qu'ilz voyent en icelle tant de nouveaux aucteurs ignorans, ce qui leur fait penser qu'elle n'est
capable de plus grand ornement & erudition.

[p. 175]

Du Bellay wants to see an end to triviality in poetry. With
great scorn, he cites several examples of collections of
poems which came within this category. He yearns for the
day when a great French poet will be born who will
silence 'ces enrouées cornemuses'.

Je pense bien qu'en parlant ainsi de notz rymeurs, je sembleray
à beaucoup trop mordant & satyrique, mais veritable à ceux
qui ont scavoir & jugement, & qui desirent la santé de nostre
Langue, ou cet ulcere & chair corrumpue de mauvaises poësies
est si inveterée, qu'elle ne se peut oter qu'avecques le fer & le
cautere. Pour conclure ce propos, saiches, Lecteur, que celuy
sera veritablement le poëte que je cherche en nostre Langue,

I

qui me fera indigner, apayser, ejouyr, douloir, aymer, hayr, admirer, etonner, bref, qui tiendra la bride de mes affections, me tournant ça & la à son plaisir. Voyla la vraye pierre de touche, ou il fault que tu epreuves tous poëmes, & en toutes Langues.

[pp. 179–80]

It is true that many will fail to understand the poetry of this great new master; many will criticise it, saying 'Marot n'a point ainsi ecrit'. Du Bellay scorns to answer such people, who 'n'entendent la poesie que de nom', for they are 'eloingnez de toute bonne erudition'.

Seulement veux-je admonnester celuy qui aspire à une gloyre non vulgaire, s'eloingner de ces ineptes admirateurs, fuyr ce peuple ignorant, peuple ennemy de tout rare & antique scavoir, se contenter de peu de lecteurs, à l'exemple de celuy qui pour tous auditeurs ne demandoit que Platon, & d'Horace, qui veult ses œuvres estre leuz de trois ou quatre seulement, entre les quelz est Auguste. Tu as, Lecteur, mon jugement de nostre poëte Francoys, le quel tu suyvras, si tu le treuves bon, ou te tiendras au tien, si tu en as quelque autre. Car je n'ignore point combien les jugementz des hommes sont divers, comme en toutes choses, principalement en la poësie, laquelle est comme une peinture, & non moins qu'elle subjecte à l'opinion du vulgaire. Le principal but ou je vise, c'est la deffence de notre Langue, l'ornement & amplification d'icelle, en quoy si je n'ay grandement soulaigé l'industrie & labeur de ceux qui aspire à cete gloire, ou si du tout je ne leur ay point aydé, pour le moins je penseray avoir beaucoup fait, si je leur ay donné bonne volunté.

96/149   [pp. 180–2]

*Exhortation aux Francoys d'ecrire en leur Langue: avecques les
louanges de la France*
Chapitre XII

> The chapter is full of patriotic fervour and is by no means
> limited to Du Bellay's praise of the French language. He
> begins by asking rhetorically how any Frenchman could
> refuse to use his own language, because

... la mesme loy naturelle, qui commande à chacun defendre
le lieu de sa naissance, nous oblige aussi de garder la dignité
de notre Langue. ...

[p. 183]

> The grandeur of Rome, he says, was unable to withstand
> the ravages of time; it is only because of its language that
> we are able to honour Rome's achievement today.
>   The comparison of France with Greece and Rome would
> be too long a task but Du Bellay does wish to assert 'que
> la France, soit en repos ou en guerre, est de long intervale
> à preferer à l'Italie'.

Je ne parleray icy de la temperie de l'air, fertilité de la terre,
abundance de tous genres de fruictz necessaires pour l'ayse &
entretien de la vie humaine, & autres innumerables commoditez, que le Ciel, plus prodigalement que liberalement, a
elargy à la France. Je ne conteray tant de grosses rivieres, tant
de belles forestz, tant de villes, non moins opulentes que fortes,
& pourveuës de toutes munitions de guerre. Finablement je ne
parleray de tant de metiers, arz & sciences, qui florissent entre
nous, comme la musique, peinture, statuaire, architecture &
autres, non gueres moins que jadis entre les Grecz & Romains.
Et si pour trouver l'or & l'argent, le fer n'y viole point les
sacrées entrailles de nostre antique mere: si les gemmes, les

odeurs, & autres corruptions de la premiere generosité des hommes n'y sont point cherchées du marchant avare: aussi le tigre enraigé, la cruelle semence des lyons, les herbes empoisonneresses, & tant d'autres pestes de la vie humaine, en sont bien eloignées. Je suis content que ces felicitez nous soient communes avecques autres nations, principalement l'Italie: mais quand à la pieté, religion, integrité de meurs, magnanimité de couraiges, & toutes ces vertuz rares & antiques (qui est la vraye & solide louange), la France a tousjours obtenu sans controverse le premier lieu. Pourquoy donques sommes nous si grands admirateurs d'autruy? Pourquoy sommes nous tant iniques à nous mesmes? Pourquoy mandions nous les Langues etrangeres, comme si nous avions honte d'user de la nostre?

[pp. 185-6]

Du Bellay quotes examples from antiquity of the foolishness of attempting to write in a language other than one's own. He continues by giving reasons why such an activity is foolish: it is easier to make one's mark in the vernacular than in the universal languages (Cicero and Virgil, in their time, as well as Petrarch and Boccaccio realised the truth of this); it is difficult to compete with the masterpieces which have already been written.

Some may feel convinced by my arguments, says Du Bellay, but may nevertheless feel hesitant because of a lack of examples. This is all the more reason for acting quickly and filling the gap. In any case, there are plenty of examples of eminent Frenchmen who have written in French, he says, going on to cite the names of Rabelais, Budé and Lazare de Baïf.

Il me semble (Lecteur amy des Muses Francoyses) qu'apres ceux que j'ay nommez, tu ne doys avoir honte d'ecrire en ta

Langue: mais encores doibs-tu, si tu es amy de la France,
voyre de toymesmes, t'y donner du tout, avecques ceste
genereuse opinion, qu'il vault mieux estre un Achille entre
les siens, qu'un Diomede, voyre bien souvent un Thersite,
entre les autres.

42/161   [pp. 193–4]

CONCLUSION

Although our primary interest is to discover Du Bellay's contribution to sixteenth century poetic theory, the selections
from the *Deffence* show that this is a work in which other
considerations play an important part.

We have already described briefly the particular circumstances surrounding the appearance of the *Deffence* in 1549.
Many of its distinguishing characteristics—its inspired enthusiasm, its supreme arrogance, its sarcastic, polemical tone,
its urgent and practical aims—can, at least in part, be attributed
to the temperament of the author and to the need to sound a
counterblast to Sebillet.

Beyond these explanations, however, Du Bellay's desire to
defend the French language against its detractors was only a
part of a larger desire to win fame and glory for France. The
need to perfect the French language was a prerequisite if
France was to achieve a great literature fit to rival those of
Greece and Rome. Only by means of a great literature, capable
of withstanding the ravages of time, could she permanently
establish her greatness as a nation. In this context, poetry for
Du Bellay was a means to an end, and his comments on the
nature of poetry are best understood against this background.

We must also remember that the *Deffence* was like most
other revolutionary manifestos in that it did not suddenly
appear out of the blue; quite apart from the immediate effect

of the appearance of Sebillet's *Art Poétique Françoys*, many of the major ideas in the *Deffence* had been in the air for some years either in the works of poets or those of theoreticians.[29]

A salient feature of the *Deffence* which strikes the reader most forcibly after Sebillet's *Art Poétique Françoys* is the enormous reduction in the space devoted to technical details concerned with versification: there are comments and recommendations about rhythm, rhyme, length of lines and so on, but these are no longer the most important elements of the work.

Part of the Pléiade's conception of poetry involved a break with the tradition in which poetry was seen as a demonstration of immense skill in surmounting technical difficulties; they considered such an activity essentially trivial. They also rejected the notion that poetry's main function was to sugar a didactic pill. Du Bellay proclaimed proudly that he had 'osé le premier des Francoys introduyre quasi comme une nouvelle poësie' (p. 94).

Many factors influenced this change in attitude to poetry. It was partly because the social condition of poets changed after the accession of François I and the Italianisation of the court. Where the poet had once been a subservient creature concerned to amuse his superiors, to flatter or to record in verse to eke out a precarious living, he now became a symbol of a new interest in learning, in refinement and in elegance.

The change was also partially attributable to the influence of humanism—in particular, to men like Dorat at the *collège de Coqueret*. The members of the Pléiade approached the works of classical literature with reverence and awe. To strive to add to this rich store of man's priceless heritage was a lofty and honourable endeavour reserved for the gifted few, who would need to be dedicated, not only to the pursuit of their vocation, but also to the pursuit of wisdom and virtue.

This link between poetry and moral qualities was, in its

29 Chamard, *H.P.*, I, pp. 129–59.

turn, connected with the theory of divine inspiration of poetry, to which the Pléiade attached so much importance. We have already seen that Sebillet introduced the idea of divine inspiration into his *Art Poétique Françoys* but without going deeply into the implications. Du Bellay, it is true, does not develop the idea at any great length either; the full elaboration came three years later by Pontus de Tyard in his *Solitaire Premier*. Nevertheless, Du Bellay did feel strongly enough about divine inspiration to write: 'cete fureur divine . . . sans la quele ne fault point que nul espere faire chose qui dure' (p. 113).

We noted earlier that Sebillet saw the need for interaction between inspiration and technique, between *nature* and *art*, but that he accorded greater importance to *nature*. Du Bellay agreed that a poet is born a poet; he accepted the classical position that *le naturel* could achieve more without *la doctrine* than technique could without inspiration. Yet he felt unable to let the matter rest there: to do so would have implied that even the most ignorant could write poetry which might become immortalised. The aristocratic, intellectual streak in Du Bellay wished to ensure that the sort of poetry he envisaged would be clearly distinguished from, for example, the efforts of mere rhyming court poets. This explains the need for a complete chapter entitled 'Que le naturel n'est suffisant à celuy qui en Poësie veult faire œuvre digne d'immortalité' in which Du Bellay stresses that natural endowments have to be supported by sheer hard work, by constant self-criticism, by extensive erudition and, more particularly, by imitation of carefully selected classical authors (p. 97).

Du Bellay makes the traditional division of *bien dire* into five parts. He does not deal with *memoire* or *pronuntiation* or even with *disposition*. In his treatment of *invention* and *eloqution* it is clear that what Du Bellay is most concerned with is not so much poetry as language. The orator's task is to deal

with any topic suggested to him 'elegamment & copieusement'. *Invention* is certainly the 'premiere & principale piece
du harnoys de l'orateur', but for Du Bellay the purpose of
knowing Greek and Latin, which alone leads to 'l'intelligence
parfaite des Sciences', seems to be that it ensures 'cete copie
& richesse d'invention' of language which is a constant preoccupation of the *Deffence*. *Eloquution* is more at the centre of
this linguistic preoccupation; '(la) partie certes la plus difficile,
& sans la quelle toutes autres choses restent comme inutiles &
semblables à un glayve encores couvert de sa gayne' (p. 79).

Du Bellay's concern for *eloquution* in the quest for enrichment of French is the beginning of some of the distinguishing
characteristics of a great deal of the poetry of the Pléiade. If
the Pléiade poets wrote poetry in order to improve their
national language and, thereby, to bring honour to their
country, then their attitude to poetry must, to some extent,
have been conditioned by these aims. To put it another way,
if they did not write poetry because they considered the poetic
form to be the most suitable medium to express their particular vision, then it is likely that they would be less concerned about the content of a poem than about its form. This
formulation over-simplifies but reveals a distinct bias in the
approach of the Pléiade to the nature of poetry. It is something of a paradox that, in this context, poetry is a means to
an end, whereas, in other contexts, the Pléiade was at pains
to stress the intrinsic worth of poetry.

The attitude to poetry inherent in Du Bellay's comments
on *eloquution* has the most far-reaching consequences for the
poetic use of words and imagery. It enables us to see the full
poetic, as well as historical, force of passages such as the
following:

> qu'il n'y ait vers, ou n'apparoisse quelque vestige de rare & antique
> erudition . . . Sur toutes choses, prens garde que ce genre de poëme
> soit eloingé du vulgaire, enrichy & illustré de motz propres &

> epithetes non oysifz, orné de graves sentences, & varié de toutes
> manieres de couleurs & ornementz poëtiques . . . [p. 100]

It also helps to explain why imagery came to be regarded as
an embellishment, why condensation and complexity were
often replaced by enrichment and illustration and how delight-
fulness and sweetness became the aim of much Pléiade poetry.[30]

The principle of imitation is of major importance in the
Deffence. In the sixteenth century the word was used in two
ways:[31] first, to refer, within differing metaphysical systems
stemming from Plato and Aristotle, to a relationship between
nature and a work of art, in which the latter was, in various and
distinctive ways, an imitation of the former; second, to refer
to the way in which writers utilised literary, particularly
classical, models. It is the second of these which is relevant to
the *Deffence*.

The general recommendation to poets to steep themselves
in the classics went back at least as far as Horace. The interesting feature of the *Deffence*, in this respect, is to see how
Du Bellay attempts to be specific in his description of the way
in which the poet should imitate.

We have seen how Sebillet, in making similar general
recommendations, praised the use of translation. Du Bellay,
not unexpectedly, is extremely sceptical about the value of
mere translation for the grandiose schemes he sets before the
poet: it is unlikely to enrich the French language; it would
not ensure the poet's immortal fame; it has the grave dis-
advantage, in poetry particularly, of being unable to render
the exact quality of the original, since each language has its
own unique inherent characteristics (I, v and vi).

Du Bellay's attitude to imitation is quite different. If it is

30 See, for example, Clements, R. J., *Critical Theory and Practice of
the Pléiade*, Harvard University Press, Cambridge, Mass., 1942,
pp. 123–86.
31 See Castor, *op. cit.*, pp. 51–76.

not the universal panacea it at least approaches that status in Du Bellay's eyes. He asserts quite unequivocally that it is the most vital element in that part of a poet's practice which comes under the heading of *artifice*. He repeatedly recommends its use, citing the example of the Romans, who imitated the Greeks. Imitation of French authors is ruled out. He recognises that it is not an easy activity which could be achieved by a person who had only a superficial acquaintance with the author to be imitated. The imitator should not content himself with copying unimportant peripheral features of the original (I, VIII). What Du Bellay had in mind was a sort of transformation process which he described in a graphic phrase:

> Immitant les meilleurs aucteurs Grecz, se transformant en eux, les devorant & apres les avoir bien digerez, les convertissant en sang & nouriture . . . [p. 82]

The difference between this process and translation, it seems, is that, although elements of the original may be grafted on to the new poem, the original should not be wholly transferred from one language to another. Moreover, the imitator should choose an original for which he felt a particular sympathy because this would enable him to penetrate beneath mere surface attractions.

The distinction between translation and imitation, as described by Du Bellay, seems a very fine one and it is not surprising that he was soon attacked for his failure to live up to his own principles in some of the sonnets in *l'Olive*. His reply to the charge that he was guilty of straightforward translations whilst claiming that they were sophisticated imitations was simply to assert that what his critics were complaining of was no more than unconscious reminiscence.[32] If Du Bellay is not

32 'Si par la lecture des bons livres je me suis imprimé quelques traictz en la fantaisie, qui après, venant à exposer mes petites conceptions selon les occasions qui m'en sont données, me coulent beaucoup plus

particularly clear in the distinctions he draws, he is not notice-
ably worse than other later sixteenth century French writers
on this subject. As Castor has pointed out, Vida, whose views
were published more than twenty years earlier,

> was most specific in his recommendations as to how the young
> poet should imitate the ancients. He should take over the form of
> a phrase, or an image, or even sometimes the words themselves;
> but he should always—and this is the important point—give them
> a new application, in a new sense, so that they are taken beyond
> their original significance and given a further depth and richness.[33]

Du Bellay's specific instructions on how to enrich French
are many and various—the invention of neologisms in
imitation of Greek, the borrowing of technical vocabulary
from the arts, sciences and trades, the use of French forms for
foreign names, infinitives and adjectives as nouns, to mention
but a few (pp. 104–6, 110–11). Perhaps more significant from
the poetic, as opposed to the linguistic, point of view is the
criterion which lies behind many of these recommendations.
The 'jugement de l'oreille' is frequently (p. 105) reiterated by
Du Bellay, and the notion of poetry as something essentially
pleasing through sound and rhythm was an important one
for the Pléiade.

Du Bellay's remarks on rhyme are brief but significant. The
excesses of the *Grands Rhetoriqueurs* are rejected, especially the
rime equivoque; rich rhymes are favoured, but not at the price

---

facilement en la plume qu'ilz ne me reviennent en la memoire, doibt-
on pour ceste raison les appeler pieces rapportées? Encor' diray-je
bien que ceulx qui ont leu les œuvres de Virgile, d'Ovide, d'Horace,
de Petrarque, et beaucoup d'aultres que j'ay leuz quelquefois assez
negligemment, trouverront qu'en mes escriptz y a beaucoup plus de
naturelle invention que d'artificielle ou supersticieuse immitation.'
—Quoted in Weinberg, *op. cit.*, 'Second preface to *L'Olive*', 1550,
pp. 157–8.

33 Castor, *op. cit.*, p. 69.

of any sense of constraint; rhymes such as *imminent* with *eminent*, *misericordieusement* with *melodieusement*, *baisser* with *abaisser* are also rejected. The main consideration is once again that the rhyme 'ne contentera moins l'oreille, qu'une bien armonieuse musique tumbante en un bon & parfait accord' (p. 107).

In one of the longer chapters (II, IIII) Du Bellay passes in review the different types of poem. The most obvious feature of this chapter is the scorn for the *genres* of the medieval period, expressed in the haughty phrase 'autres telles episseries'. In place of *rondeaux, ballades, vyrelaiz*, etc, he proposes the restoration of the *genres* of antiquity. The criticism of Sebillet is clear but Du Bellay forgets or deliberately does not comment on the fact that Sebillet recognised that some of these *genres* were outdated and included them only for the sake of completion. Where Sebillet deals with one of these favoured *genres* Du Bellay tends to criticise either the models Sebillet proposes or the conception or both. A separate chapter is devoted to the long epic poem: this always occupied a special place in the minds of the members of the Pléiade because it met two of their requirements of poetry, viz it conferred immortality on the author and it enabled people to regard the vernacular seriously and take its place alongside Greek, Latin and Italian. It required a high degree of *science* on the part of the poet as well as giving him the maximum scope for demonstrating the richness of the language.

The *Deffence*, then, recommended a new kind of poetry which was noble and erudite in its conception and which was addressed to an aristocratic élite. As Ronsard was to put it, in the preface to his *Odes* (1550), his readers would find a 'stile apart, sens apart, euvre apart' (p. 185). This was the heady enthusiasm of the early days; with the passage of time the theory and—more important, perhaps—the practice were significantly modified.

Pontus de Tyard's
Solitaire Premier
1552

Some three years after Du Bellay's *Deffence* Pontus de Tyard's
*Solitaire Premier ou Prose des Muses et de la fureur poetique, plus
quelques vers lyriques* appeared. This sets out at some length
the full theory concerning the divine inspiration of poetry
within the context of a complete metaphysical and epistemo-
logical system. Although in both his poetry and in his philosophical writings Pontus de Tyard was perhaps a more
extreme Platonist than his fellow members of the Pléiade,
quite substantial extracts of the *Solitaire Premier*[1] are repro-
duced here in order to give a glimpse of the all-embracing
nature of the theory of divine fury which figures in the
writings of so many sixteenth century theoreticians. No
attempt is made, however, to give comprehensive coverage
to the whole of the *Solitaire Premier*, in which can be found,
among many other things, a debate on the origin of poetry,
a rather extreme, aristocratic expression of the need for
poetry to remain aloof from the mob and the notion that
poetry and music derive from the same divine source.

Like many of Pontus de Tyard's philosophical works, the
Solitaire Premier is cast in the form of a dialogue; the author's
interlocutor in this case is called Pasithée.

1 The selections are taken from Tyard, P. de, *Les discours philosophiques.*
A Paris chez Abel l'Angelier, 1587. British Museum c 80 a 8. They
may be more conveniently consulted in Pontus de Tyard, *Œuvres,
Solitaire Premier*, ed. S. F. Baridon, Textes Littéraires Français,
Geneva and Lille, 1950.

SOLITAIRE PREMIER,

ou

Discours des Muses, et de la fureur Poëtique

Mais il vous plaira entendre, Pasithée, que fureur (laquelle je difiniz avecques vous alienation d'entendement, sans adjouster ce vice de cerveau) contient souz soy deux especes d'alienations. La premiere procedant des maladies corporelles, dont vous avez parlé, et de son vray nom l'avez bien appellée follie et vice de cerveau; la seconde, estant engendrée d'une secrette puissance divine, par laquelle l'ame raisonnable est illustrée: et la nommons, fureur divine, ou, avec les Grecs Enthusiasme. Or faites jugement si ceste derniere sorte de fureur est souhaitable, ou non.

[p. 10]

. . . je vous prie de me dire, si ceste fureur a quelques effects propres, par lesquels l'on puisse cognoistre ceux, qui en sont agitez?—Si a dea (respondy-je) et de tres-excellens: car son propre est d'eslever depuis ce corps jusques aux Cieux l'ame qui des Cieux est descendue dedans ce corps. N'est-ce pas une œuvre admirable]

[p. 10]

Les Philosophes Platoniques tiennent que l'ame descendant en ce corps distribuée en diverses operations perd l'unité tant estimée, qui la rendoit cognoissante, et jouissante du souverain UN, qui est Dieu: tellement qu'en ceste division, et separation de son unité, ses parties superieures endormies, et ensevelies en une lente paresse, cedent l'entier gouvernement aux inferieures touchées sans cesse des perturbations: et ainsi demeure toute l'ame remplie de discordes, et desordres difficiles à rapointer. Aussi c'est là, où gist l'œuvre: c'est là, où consiste le

labeur à tirer l'ame embourbée hors de la fange terrestre, et
l'eslever en la conjonction du souverain UN, à fin qu'elle
mesme soit remise en sa premiere unité. Or, pource que l'ame
en descendant, et s'abismant dans le corps, passe par quatre
degrez, il est pareillement necessaire, que par quatre degrez
son elevation de ça bas en haut, soit faite. Quant aux quatre
degrez de la descente, le premier, et le plus haut, est l'Angelique
entendement, le second la Raison intellectuelle, le tiers l'Opinion, et le quart la Nature.

[pp. 12–13]

—Je vous ay dit (poursuivy-je) que par quatre degrez l'ame
descent, depuis le souverain UN, commencement eternel de
toute chose, et qui tient le plus haut lieu, jusques au corps, qui
est le plus bas, et infime de tout: ainsi est-il apparent, que les
quatre degrez sont entre-deux, d'autant moins parfaits, qu'ils
sont plus esloignez de cest UN: et si est aisé d'entendre que ce
qui du plus haut descent au plus bas, doit passer par ce milieu
divisé en quatre degrez: desquels le premier, est l'entendement
Angelique le plus prochain de la source de l'unité, ou (comme
je disois) de celuy, qui est le souverain UN: et qui est terme,
commencement, fin et mesure de tout, combien qu'il soit
immesurable, eternel, infiny, et incomprehensible, privé de
multitude, et de confusion. Mais l'Angelique entendement
n'est tant accomply: car combien qu'il soit stable, et eternel,
il reçoit toutefois multitude d'Idées. Le second degré est la
Raison intellectuelle, qui est une puissance de l'ame qui
consiste en bon ordre, et neanmoins c'est une muable multitude des cognoissances premieres, et diverses argumentations.
Le troisieme c'est l'Opinion, qui est (ainsi que la Raison) une
puissance de l'Ame, muable, et sans ordre, en multitude
d'imaginations diverses, comprinses neanmoins souz l'union
de quelques points et de quelque substance: car l'Opinion est
en l'Ame, et de l'Ame; et l'Ame est une substance n'occupant

aucun lieu. Le quatriesme, que j'ay nommé Nature, signifie celle puissance animale qui consiste en l'office de nourriture, et generation, qui se respand, et restraint dans le corps, duquel les parties, la multitude des accidens sujets au mouvement, et la substance divisable, s'offrent tousjours aux yeux.

[pp. 13–14]

—Vrayement (me dit Pasithée) j'ay si facilement comprins la ruine et cheute de l'ame, que je desire sçavoir avec quelle aide elle se peut descharger des empeschemens de ce pesant faix corporel, et se rendre legere et habile pour remonter au lieu duquel elle est tant miserablement descendue.

　　—Je vous ay dit (poursuivy-je) qu'ainsi que la descente se faisoit par quatre degrez (et suis aise que vous avez prins plaisir de le comprendre) aussi pour remonter estoient necessaires quatre degrez, lesquels se peuvent comprendre en celle illustration d'Ame ou elevation d'Entendement, que je vous ay dit estre nommée fureur divine. Car la fureur divine, Pasithée, est l'unique escalier, par lequel l'Ame peut trouver le chemin qui la conduise à la source de son souverain bien, et felicité derniere.

[pp. 16–17]

En quatre sortes (poursuivy-je) peut l'homme estre espris de divine fureur. La premiere est par la fureur Poëtique procedant du don des Muses. La seconde est par l'intelligence des mysteres, et secrets des religions souz Bacchus. La troisiesme par ravissement de prophetie, vaticination, ou divination souz Apollon: et la quatriesme par la violence de l'amoureuse affection souz Amour et Venus. Sçachez Pasithée, qu'en ce peu de paroles, et souz ces quatre especes sont cachées toutes les plus abstraites et sacrées choses, ausquelles l'humain Entendement puisse aspirer: mesmes la vraye et certaine cognoissance de toutes les disciplines, qui si longuement (et souvent en vain) entretiennent les studieux à leur poursuite. Car il ne faut croire, que deffaillant en nous l'illustration de ces raiz divins, et n'estant la torche de l'Ame allumée par l'ardeur de quelque fureur divine, nous puissions en aucune sorte nous conduire à la cognoissance des bonnes doctrines et sciences: et moins nous eslever en quelque degré de vertu pour, seulement de pensée, gouter nostre souverain bien hors des viles et corporelles tenebres esclairées de l'obscure lampe, qui nourrit son feu en l'humeur des fausses et decevantes delectations.

Or, m'aquitant de ce, que je vous doy dire, je remets en memoire qu'ayant esté le commencement de la cheute de l'ame du plus haut degré, il faut qu'elle commance à remonter du plus bas. Je dy ceci, à fin que vous cognoissiez que je n'ay sans cause en la description de la descente nommé les plus hauts les premiers, et en ceste que j'ay commancée de l'elevation, au contraire. Donq le fond, lequel l'Ame ruinant ça bas a rencontré, a esté le corps, auquel elle se delecte et affectionne tant fermement, que pour les divers et contraires objects rencontrez, elle est contrainte de separer, et distribuer ses puissances en diverses et contraires actions, tellement, que la superieure partie de soy est endormie, et (comme on pourroit dire) estonnée de si lourde cheute: et l'inferieure toute agitée et elancée des perturbations, d'où s'engendre un horrible discord et desordre disposé en trop improportionnée proportion. Incompatible par ce point semble estre en elle toute juste action, si par quelque moien cest horrible discord, n'est transmué en douce simphonie, et ce desordre impertinent reduit en egalité mesurée, bien ordonnée, et compartie. Et de ce faire est pour son peculier devoir la fureur Poëtique chargée, resveillant par les tons de Musique l'Ame en ce, qu'elle est endormie, et confortant par la suavité et douceur de l'harmonie la partie perturbée, puis par la diversité bien accordée des

K

Musiciens accords chassant la dissonante discorde, et en fin reduisant le desordre en certaine egalité bien et proportionnément mesurée, et compartie par la gracieuse et grave facilité de vers compassez en curieuse observance de nombres et de mesures.

Encor toutefois n'est-ce rien: car il faut effacer l'inconstante solicitude des diverses opinions empeschées au continuel mouvement de la multitude des images, et especes corporelles: et faire que l'Ame desja resveillée, et bien ordonnée, revoque en un ses parties et puissances ainsi escartées et diffuses tant diversement: à quoy est propre la sainte communication des mysteres et secrets religieux, au moyen desquels les purifications, et devotieux offices, incitent l'Ame à se r'assembler en soy-mesme, pour toute se voüer en sacrée dedication et entiere intention à la reverence, qui la prosterne devant la divinité qu'elle adore. Parquoy, quand ces diverses puissances de l'Ame auparavant çà et là en divers exercices espandues, sont recueillies, et r'assemblées en l'unique intention de l'Entendement raisonnable: la troisiesme fureur est necessaire pour eslongner les discours de tant de ratiocinations intellectuelles à l'entour des principes et conclusions, et reduire l'Entendement en union avec l'Ame: ce qui advient par le ravissement des propheties et divinations. Aussi quiconque est esmeu de fureur divinatrice, ou prophetique, tout ravi en interieure contemplation il conjoint son Ame et tous ses espris ensemble, s'eslevant haut outre toute apprehension d'humaine et naturelle raison, pour aller puiser aux plus intimes, profonds, et retirez secrets divins la prediction des choses, qui doivent advenir. En fin, quand tout ce qui est en l'essence, et en la nature de l'Ame, est fait un, il faut (pour revenir à la source de son origine) que soudain elle se revoque en ce souverain UN, qui est sur toute essence, Chose, que la grande et celeste Venus accomplit par Amour, c'est à dire, par un fervent, et incomparable desir, que l'Ame ainsi eslevée a de jouir de la divine et eternelle beauté. Celà devra suffire, Pasithée, a ce, que vous vouliez sçavoir, touchant les divines fureurs.

[pp. 17–20]

La fureur Poëtique procede des Muses (dy-je) et est un ravissement de l'Ame, qui est docile et invincible: au moyen duquel elle est esveillée, esmuë, et incitée par chants, et autres Poësies, à l'instruction des hommes. Par ce ravissement d'Ame, j'enten que l'Ame est occupée, et entierement convertie, et intentive aux saintes et sacrées Muses, qui l'ont rencontrée docile et apte à recevoir la forme, qu'elles impriment, c'est à dire, l'ont trouvée preparée à estre esprise de ce ravissement, par lequel estant esmeuë, elle devient invincible, et ne peut estre souillée, ou vaincue d'aucune chose basse et terrestre: mais au contraire surmonte et surmarche toutes ces vilitez. D'avantage elle est esveillée du sommeil et dormir corporel à l'intellectuel veiller, et revoquée des tenebres d'ignorance à la lumiere de verité, de la mort à la vie, d'un profond et stupide oubly à un resouvenir des choses celestes, et divines: en fin, elle se sent esmeuë, esguillonée, et incitée d'exprimer en vers les choses, qu'elle prevoit et contemple. Aussi n'entreprenne temerairement chacun de heurter aux portes de Poësie: car en vain s'en approche, et fait ses vers miserablement froids celuy, auquel les Muses ne font grace de leur fureur, et auquel le Dieu ne se monstre propice et favorable.

[pp. 21–2]

Mais (poursuivy-je) oyez à quelle grandeur ceste fureur guide ceux, qu'elle inspire. Il est impossible qu'un Poëte (tant exercité soit-il aux bonnes lettres) ait aprins toutes les sciences: pource qu'un humain entendement ne les sçauroit comprendre, veu qu'à peine peut-il atteindre à l'accomplissement d'une

seule. Comment donc sans un instinct de divine fureur pourroit
le bon Poëte diversifier son œuvre de tant de fleurs cueillies
tres à propos au florissant verger de toutes disciplines? Mais
d'ou viendroit cela, que le Poëte admire (j'ose dire travaille à
comprendre) la gravité, et le sens de ses vers, que l'intervallaire
fureur divine luy a dictez alors, que las, et remis il s'est allenti
et retiré du labeur, ainsi que le Dieu l'a laissé?

[p. 26]

Jacques Peletier's
Art Poëtique
1555

Perhaps the most striking feature of Jacques Peletier's career, in so far as French sixteenth century poetic theory is concerned, is the degree to which he was involved from a very early date with the men who were ultimately to become the leaders of the Pléiade. As early as 1543, at the age of twenty-six, Peletier had what appears to have been a decisive encounter with the young Ronsard—seven years his junior—in the course of which Ronsard showed him some of his early odes written in imitation of Horace. In the following year they met again. In 1546 Peletier met Du Bellay just after he had published the second edition of his translation of Horace's *Art Poétique*. Peletier's introduction to this translation was a brief but eloquent apologia of the French language. He was also probably instrumental in the eventual meeting of Ronsard and Du Bellay at the *collège de Coqueret*, and in his *Œuvres Poétiques* (1547) were to be found an ode by Ronsard and a dizain by Du Bellay. As Chamard puts it:

> Ainsi, par une singulière coïncidence, Ronsard et Du Bellay, dont Peletier avait été séparément le conseiller, se trouvaient cette fois rapprochés l'un de l'autre, et c'était sous le patronage de cet insigne précurseur que les deux jeunes gens, jusqu'à ce jour ignorés du public, faisent à la même heure leurs débuts dans les lettres.[1]

In spite of the fact that he had a variety of occupations in different parts of France—he was in Lyons from the end of 1553 and his *Art Poëtique* was published there—Peletier remained in direct contact with Ronsard in Paris and with the

1 Chamard, *H.P.*, I, p. 159.

literary movements of the period. Unlike Du Bellay or the other members of the Pléiade, Peletier was not involved in acrimonious exchanges with other poets or with defenders of other styles of poetry (although in other areas, notably the reform of spelling, he was not averse to open dispute). In the years between 1549 and 1555 the Pléiade had passed beyond the stage of strident criticism and self-opinionated bluster to one in which they were prepared to acknowledge merit in others and to tone down the more extreme elements of their programme. Moreover, by 1555 the poets of the Pléiade had acquired further practical experience of composition and it was therefore much easier to measure their achievements in the different *genres* against the proposals contained in the *Deffence*. For all these reasons, it is in the *Art Poëtiqué* of Jacques Peletier that one finds the fullest expression of the doctrines of the Pléiade.

A list of chapter titles follows together with an indication of the length of the selections as compared to the whole chapter.

Prémier Liuré dé l'Art Poëtiqué[2]

Chapitre

    I Dé l'antiquite e dé l'excélancé dé la Poesié. (22/114)

    II Dé la Naturé e dé l'Excércicé. (87/112)

    III Du Sugét dé Poësié: E dé la diferancé du Poeté e dé l'Orateur. (46/100)

    IV Dé la Composicion du Poëmé an general: E dé l'Inuancion, Disposicion e Elocucion. (47/107)

---

2 Peletier du Mans, J., *L'Art Poëtiqué* ed. A. Boulanger, Publications de la Faculté de Lettres de l'Université de Strasbourg (Fascicule 53), Paris, 1932, pp. 239–40. Calculations of the length of the selections and of the chapters are based on this edition. Page numbers after selections refer to the same edition. The selections have also been checked against the first edition: *L'Art poëtiqué déparli an deus Liurés*, Lyon, Jean de Tournes et Guil, Gazeau, 1555. British Museum 1088 c 39.

Totals. Pręmier Liurę: 532/1,216; Sęcond Liurę 371/1,022;
Grand total 903/2,238.

ART POËTIQUĘ
PRĘMIER LIURĘ

1. *Dę l'antiquite e dę l'excęlancę dę la Poësię*

Peletier begins by remarking how fruitless is the exercise,
so popular in the sixteenth century, of attempting to discover who invented the different arts. Such knowledge is
beyond human capacity, since they are divinely inspired.
Peletier is content to note what ancient authorities say on
the subject while noting their many contradictions.

Ię vièn a l'excęlancę dę la Poësię. Les Poetęs ont etè jadis
les mętręs et reformateurs dę la vię. Cę qui s'apreuuę par cęla,

qué du tans qué la Grecé etoét la plus afluanté: les Signeurs e
toutés sortés de g'ans, fésoét instruiré leurs anfans an la
Poësié: afin qué non seulémant les espriz an fussét eueilhèz
a la guéyéte, e adétrìz, més aussi afin qu'iz an aprinsét la
manieré dé viuré, e les examplés dé vértu.

[p. 67]

Peletier goes on to cite many beneficial effects of poetry,
e.g. the civilising of savages, the inculcation of virtue; it
has caused the growth of cities and the writing down of
codes of laws; it has spurred men to great deeds through
the hope of immortality.

Cé qui ét manifesté par céla, qué les loés furét prémiéremant
insculpeés an vérs, sus les ecorcés des arbrés: les oraclés
randùz an vérs: les profeciés des Sibilés, santancieés an vérs.
Le Poësié à etè causé qué les féz memorablés des hommés
ilustrés, sont passèz a la posterite. . . .
La Poësié à tousjours celebrè les chosés diuinés, lé fét dé la
Religion, les sacrificés, les oraclés: E an fin, à preparè uné
immortalite a ses professeurs. Les Poëtés sélon lé diuin Platon,
sont intérpretés des Dieus, quand iz sont an leur seinté fureur.
Car eus rauiz, e abstréz des pansémans térrestrés, conçoéuét
les sécréz celestés, diuins, naturéz e mondeins: pour les mani-
fester aus hommés. Pourcé, les Princés dé jadis ont honorè
les Poëtés, jusqués a les ténir les plus procheins dé leur
pérsonné.

22/14   [pp. 68–9]

The chapter ends with a series of examples of poets exerting
influence in the highest positions of state.

II. *Dé la Naturé e dé l'Excércicé*

La question ét bien ancienné, si lé Poëté ét plus a priser pour
lé naturél, qué pour l'etudé e artificé. Democrité an Horacé

apẹlẹ la Naturẹ eureusẹ, e l'Art miserablẹ. E samblẹ quẹ Platon soẹt dẹ cet auis quand il estimẹ tant cetẹ fureur: qui ẹt unẹ cẹrteinẹ inspiracion e impetuosite, assalhant l'esprit dẹ l'homme: Commẹ s'il vouloẹt prandrẹ la Poësiẹ pour unẹ Profeciẹ: an laquelẹ quand il i à dẹ l'artificẹ, cẹla sant son humanite, c'ẹt a dirẹ, sa curiosite e son afectation. E dẹ la, ẹt salhì cẹ mot vulguerẹ, qui dìt que nous nẹssons Poëtẹs, e nous nous fẹsons Orateurs. Mẹs cẹrtẹs qui voudroẹt prandrẹ ici Naturẹ amplẹmant, pour cetẹ grand' ouurierẹ, qui agìt uniuẹrsẹlẹmant sus tout cẹ qui ẹt au mondẹ, e sus tout cẹ qui tombẹ an la cogitacion des hommẹs: e qui comprand mẹmẹs les chosẹs quẹ nous apẹlons contrẹ naturẹ, e ancorẹs les supẹrnaturẹlẹs: lors il n'i auroẹt quẹ la Naturẹ au Poëtẹ, quand il n'i auroẹt que la Naturẹ au Mondẹ. E an cetẹ façon l'artificẹ mẹmẹ aura sa naturẹ: Commẹ quand on dìt l'ordrẹ naturẹl e lẹ parler naturẹl. Mẹs si nous antandons plus etroẹtẹmant Naturẹ, pour cẹ qui ẹt imposè an nous, sans notrẹ peinẹ et sans notrẹ prẹmierẹ intancion: si nous mẹtons pour cetẹ heurẹ cẹlẹ opinion a part, quẹ cẹla quẹ nous sauons n'ẹt qu'unẹ reminisçancẹ: brief, si nous voulons rẹconnoẹtrẹ, quẹ nous pouuons aquẹrir quelquẹs chosẹs dẹ dẹhors par acoutumancẹ, imitacion e etudẹ: cẹrtẹs nous trouuẹrons que l'Art androẹt le Poëtẹ, à puissancẹ grandẹ. Vrẹi ẹt quẹ lẹ Naturẹl ẹt a l'hommẹ unẹ grand' mẹtrisẹ: Car nous voyons es uns prouẹnir tout dẹ gre les dons e les vẹrtuz, quẹ les autrẹs nẹ gagnẹt quẹ par grand labeur. . . .

[pp. 72–4]

Mes c'etoẹt un Orateur, qui fesoẹt vẹnir toutẹs opinions a son point: sinon quẹ chacunẹ des deus sẹ defandẹ, an disant quẹ Naturẹ ouurẹ lẹ chemin, et lẹ montrẹ au doẹ: l'Art conduìt, e gardẹ dẹ sẹ dẹuoyer: Naturẹ donnẹ la disposicion, e commẹ unẹ matierẹ: l'Art donnẹ l'operacion, e commẹ la formẹ. An sommẹ, la Naturẹ bien dẹmandẹ lẹ sẹcours e la mein artisanẹ; E l'Art, nẹ peùt rien sans lẹ naturẹl. Car les

Musℯs nℯ sℯ veulℯnt point avoℯr par forcℯ: il faut atandrℯ lℯ
Dieu a vℯnir: il faut epïer cetℯ seintℯ chaleur. Combien dℯ
foℯs sℯ trouuℯra lℯ Poëtℯ tout interdit, tout depouruu, tout
mal a son commandℯmant: brief, tout autrℯ quℯ soℯmℯmℯ?
ancorℯs qu'il n'ℯt fautℯ dℯ matierℯ, qu'il ℯt sa bℯsongnℯ, cℯ
lui samblℯ, toutℯ talheℯ. Il faut donq quℯ lℯ Poëtℯ soℯt
imitateur dℯ la Naturℯ, e qu'il ℯt ses sℯsons. Son etudℯ, sℯra son
yuℯr: son inuancion, sℯra son Printans: la composicion, son
Ete: sa reputacion, son Automnℯ: e chacunℯ, toutℯ l'Anneℯ.
Ensi, Naturℯ, sℯra difusℯ par tout son ouuragℯ: e l'Art mℯlè
par toutℯ sa Naturℯ. Nous auons ici antrℯpris d'anseigner la
puissancℯ dℯ l'Art: e dℯ donner adrecℯ au jeunℯ hommℯ bien
nè, par les preceptℯs quℯ nous an ecrirons. . . .

[pp. 74–5]

Qu'on nℯ s'atandℯ point ancorℯs quℯ jℯ m'amusℯ a nommer
ni a louer les Poëtℯs dℯ notrℯ tans: chosℯ cℯrtℯs qui souuant
rℯssort au desauantagℯ du loueur, e du loue mℯmℯ. Ceus qui
ecriuℯt, parlℯt chacun pour soℯ. C'ℯt pour neant dℯ rℯcom-
mander un ouuragℯ qui sℯ presantℯ au jugℯmant e au loℯsir
des agℯs. La posterite, qui ℯt sans afeccion: saura mauuℯs
gre au loueur, dℯ lui avoℯr prℯuenù son jugℯmant. Car si
l'Euurℯ ℯt louablℯ, ℯlℯ lℯ saura bien connoℯtrℯ. S'il nℯ l'ℯt, ℯlℯ
saura bien acuser lℯ loueur de mauuℯsℯ estimatiuℯ. Quant ℯt
dℯ moℯ, jℯ nℯ suis point epℯrgneur dℯ louangℯs. Ie suis bien
ℯsℯ dℯ dirℯ, un Seingelℯs dous, facond, e nè aus oreilhℯs des
Princℯs: un Ronsard, sublimℯ, e raporteur dℯ la Poësiℯ
anciennℯ: un Dubℯlay elegant e ingenieus: un Sℯuℯ, grauℯ
et parfond an inuencions: un Pontus nℯt e sutil: un Dℯmasurℯs,
proprℯ e dilig'ant: un Baïf studieus e fluidℯ: un Iodℯlℯ, im-
peteus, e plein dℯ chaleur Poëtiquℯ. . . .

[pp. 76–7]

Jℯ diroℯ bien, qui mℯ lℯssℯroℯt juger, quℯ jℯ n'è ancorℯs vù
Poësiℯ an Françoℯs mieus dreceℯ a mon gre, ni plus santan-
cieusℯ, ni la ou il i ùt moins a rℯdirℯ: quℯ la Parfℯtℯ Amiℯ

d'Antoęnę Heroęt. Cę quę ję nę dì point par afeccion, qui
n'è ù ni familiarite auęquęs lui, ni conoęssancę. Car ni l'agę
ni les tans dę nous deus, nę nous ont soufęrt antręhanter. Ie
diroę ancorę dę Marot, quę nous n'auons jamęs ù an Francę
un Poëtę dę plus eureus naturęl: e qu'il n'à ù autrę dęfault,
sinon dę n'auoęr voulu grand'chosę: eyant pu tout cę qu'il à
voulù: hommę inimitablę an cętreinęs felicitez e singulierę-
mant an la Traduccion des Seaumęs, Euurę pour viurę autant
quę l'oui e lę nanni: tãt pour la matierę, quę pour la formę:
e si ję doę dirę einsi, tant pour l'amę quę pour lę cors. E si ję
nę m'amusę a louer noz Poëtęs, ancoręs moins m'amusęrè ję
a les ręprandrę. Eins suis contant quę de toutęs les vęrtuz
dę Poësię dont j'è a parler, chacun les pansę ętrę ditęs pour
soę: Męs des vicęs, qu'iz pansęt quę ję n'è aucunęmant songè
an eus: E leur donnę conge dę les deriuer tous sus moę, qui è
ecrìt commę les autręs: e qui n'aurè jamęs un doctę rępręneur
pour annęmi. Ię dirè pour clorrę cet androęt, quę la dinite e
le dęuoęr des Ecriz Poëtiquęs: c'ęt quand iz sont dę chosęs
serieusęs adrecèz aus amis: e qu'antrę les Poëtęs, il i à plus
d'honneur d'ecrirę les uns aus autręs dę quelquę matierę utilę
ou delectablę: quę non pas dę s'antręlouer.

87/112   [pp. 78–9]

The title of the chapter is an echo of the classical categories in
rhetorical treatises: *natura*, *ars* and *exercitatio*. The last of these
denotes the process of systematic training undergone by the orator
in the learning of his profession.

In his treatment of the relative importance of *art* and *nature*
Peletier makes two interesting points. First, he distinguishes between a narrow and a broad definition of *nature*: it is possible to
define it so that there is no clear distinction between *nature* and *art*.
Second, he concludes that each is indispensable to the other and he
formulates this in terms of *fond et forme*: *nature* provides the former
and *art* the latter.

The most striking feature of Peletier's comments on poets is the change in attitude to Marot and to Saint-Gelais as compared, for example, with the *Deffence*. The complex area of comments by sixteenth century writers on their contemporaries and near contemporaries can be followed in all its ramifications by consulting the *Index analytique des noms et des idées* in Volume IV of Chamard's *Histoire de la Pléiade*.

III. *Du Sugęt dę Poësię: E dę la diferancę du Poëtę e dę l'Orateu*

Peletier introduces this chapter by indicating the similarities between painting and poetry.

Męs les Sugęz plus spacieus e les plus celebręs du Poëtę (sans dirę rien des męnus argumans) ont tousjours etè les Guęrręs, l'Amour, la Pastoralite et l'Agriculturę. Dęquez nous n'auons ancor quę l'Amour en Francę (aumoins dont ję m'auisę) argumant assez e trop dęmęne antrę les notręs. E m'ébahì quę quelcun nę s'ęt aumoins mis a fęrę Eglogużs, matierę antrę autręs, autant proprę a notrę Languę qu'a nulę autrę: qui an auons les tęrmęs e les pęrsonnęs tout a propos. Marot nous à montrè, an deus, ou an troęs tout au plus qu'il a fętęs: combien ęlęs sont delectablę. Quant a l'Agriculturę, ję croę bien qu'ęlę n'auroęt pas trop dę gracę aujourdhui: tant parcę qu'ęlę ęt assez antanduę sans ętrę ecritę, quę aussi pour n'ętrę capablę dę grand faueur anuęrs les Princę e Signeurs dę notrę tans. Einsi, ęlę n'ęt point pour donner recreacion grandę, ni męmę utilite. Les fez dę la Naturę sę peuuęt aussi tręter en Poësię: combien ancoręs quę l'áprętę des tęrmęs e la contreintę dę la matierę, qui ęt sans ornęmans e figuręs, facę quę l'antręprisę ęt rarę pour lę Poëtę. . . .

[pp. 80–2]

This paragraph shows something of Peletier's desire to extend the subject matter of poetry; he was particularly against the dominant position of love in French poetry. Although he himself wrote some

love poetry, he attempted to go beyond 'un Amour nu e simplę'
to treat 'un general e uniuęrsęl'. This led him, for example in
l'Amour des Amours, into *la poésie scientifique*—an important development in sixteenth century poetry. The essence of this type
of poetry was to synthesise in poetic form what Renaissance man
knew about science and philosophy: an attempt was made to
link explanations of physical phenomena (rain, hail, tides, eclipses,
the stars, etc) to a coherent and comprehensive metaphysical explanation of the universe. See Schmidt, A.-M., *La Poésie scientifique
en France au seizième siècle*, Albin Michel, Paris, 1938.

Suiuãt notrę propos, il restę lę Sugęt dę la Guęrrę lę plus
dinę e lę plus grauę dę toutę la Poësię: a ręson quę les hautęs
pęrsonnęs i antręt, commę Roęs e Princęs: léquez seuz ont
puissancę dę fęrę la guęrrę. E par cę qu'iz sont suiuìz e accom-
pagnèz dę toutęs sortęs dę g'ans: lę Poëtę à ocasion dę parler dę
toutęs sortęs d'argumans: cõmę nous dirons au long ci apres par
dęduccion dę propos. Einsi voęla l'unę des principalęs difer-
ancęs qu'il i à antrę l'Orateur e lę Poëtę, quę cętuici peùt
s'ebatrę an tous g'anręs d'argumans, cętuila ęt astreint aus
chosęs particulieręs. Car l'Orateur nę pourra pas chęrcher
l'ocasion dę fęrę parler les Dieus, dę treter l'Amour, les Ieus
festiz, les Anfęrs, les Astręs, les regiõs, les chans, les prez, les
fonteinęs e telęs beautez d'Ecriz: Męs sę tiendra dędans les
causęs dę ses clians. . . .

                                                    [p. 83]

Peletier continues with his distinctions between the poet
and the orator; the latter needs to convince only a limited
audience for a limited time, whereas the former speaks for
eternity and deals only with the essence of things.

Pour ces ręsons, l'Histoęrę ęt lę Sugęt le moins proprę
pour lę Poëtę: d'autant quę la loę historiquę nę recoęt pas
grans ornęmans nì digressions: eins la faut suiurę dę droet fil,

e mệmệ la commancer par lệ prệmier bout: qui ệt contrệ la
dinite du Poëmệ. . . .

[p. 84]

This leads Peletier ultimately to the difference in diction
between an orator and a poet.

E cetệ partiệ m'amonnệtệ dệ dirệ, quệ notrệ Poësiệ
Frãçoệsệ n'ệt point ancorệs an sa grandeur: d'autant qu'ệlệ ệt
jusquệ ici trop voệsinệ du langagệ vulguerệ: voệrệ e sommệs
ancorệs si sugệz au jugệmãt du Peuplệ, quệ la louãgệ du
Poệmệ samblệ depandrệ dệ la procheinệte du parler vulguerệ:
chosệ qui arguệ unệ anfancệ e imperfeccion dệ notre Art.
Pourcệ, jệ conseilhệrè a noz Poëtệs dệ dệuệnir un peu plus
hardiz, e moins populerệs: toutệfoệs auệc jugệmant, commệ
nous dirons par trệt dệ propos.

46/100   [p. 85]

This is Peletier's comment on the Pléiade principle that poetry
needs a diction distinct from that which is in daily use. Similar views,
though perhaps less guarded, were expressed by Du Bellay (p. 104)
and Ronsard (p. 185).

The means of achieving this end would be an epic poem.
What Peletier has in mind is a *Hệrculeïdệ*. He develops this
idea at greater length in Book II, Chapter VIII, *Dệ l'Euurệ
Heroïquệ*. Yet he has his doubts: 'Mệs j'è grand peur quệ
cệ soệt pour un autrệ Sieclệ e pour unệ autrệ languệ.'

IV. *Dệ la Composicion du Poệmệ an general: E dệ l'Inuancion,
Disposicion e Elocucion.*

Toutệs sortệs d'Ecriz s'acomplicệt dệ troệs partiệs principalệs,
qui sont Inuancion, Disposicion, Elocucion. Inuancion ệt un

dessein prouuenant de̸ l'imaginacion de̸ l'antande̸mant, pour
parue̸nir à notre̸ fin. Ele̸ e̸t repandue̸ par tout le̸ Poe̸me̸,
comme̸ le̸ sang par le̸ cors de̸ l'animal: de̸ sorte̸ qu'e̸le̸ se̸ peùt
ape̸ler la vie̸ ou l'ame̸ du Poe̸me̸. Disposicion, e̸t une̸ ordon-
nance̸ e ag'anse̸mant des chose̸s inuanate̸s. E e̸t ce̸le̸ qui donne̸
la beaute e la dinite a tout le̸ Poe̸me̸. Elocucion, que̸ les Gréz
ape̸le̸t Frase̸, e̸t une̸ structure̸ de̸ moz e de̸ clause̸s les une̸s aue̸c
les autre̸s. C'e̸t ce̸le̸ qui expose̸ les concepcions de̸ l'esprit e qui
se̸rt de̸ truche̸man aus deus súdite̸s. Ces troe̸s ici s'antre̸-
fauorise̸t fidele̸mant an toute̸ la Composicion. Car l'Inuancion
e̸t si díne̸, que̸ me̸me̸ il à inuancion a disposer: e i à inuancion
ancore̸s an l'Elocucion, sauoe̸r ét an l'eleccion des moz. E e̸
trop ce̸rtein que nous n'auons rien a ordonner qui ne̸ soe̸t
premiere̸mant trouuè. Sans la Disposicion, l'Inuancion se̸roe̸t
confuse̸, diforme̸, desagreable̸, e comme̸ s'e̸le̸ n'etoe̸t point.
Finable̸mant, sans l'Elocucion seroe̸t inutile̸ e sans fruit toute̸
notre̸ inuancion e disposicion, einsi qu'un couteau demeurant
an sa gueine̸.

[pp. 88–9]

Peletier explains how Virgil demonstrates these qualities
in the *Aeneid* but noting that he cannot illustrate *elocucion*
by reference to a Latin work. This is not too important,
however, since

. . . celui qui aura bien choe̸sì son suge̸t, n'aura jame̸s faute̸
de̸ faconde̸: Les moz suiue̸t voulontiers les chose̸s, quand
e̸le̸s ont etè bien premedite̸s e incorpore̸s an notre concep-
cion.

[p. 90]

Ovid is cited as an example of how judicious *disposicion*
enhances somebody else's *inuencion*—indeed, how it trans-
poses it into something new and personal.

Voęla lȩ moyen dȩ choȩsir ses argumans e son Sugȩt: et commȩ, ancorȩs quȩ nous les prenons dȩuant tout lȩ mondȩ, nous nȩ sȩrons point pourtant acusèz de larcin. Voęla commȩ disoȩt Horacȩ qu'unȩ matierȩ publiquȩ dȩuient priueȩ. Voęla comment, ancorȩs quȩ nous eyons pris notrȩ tȩmȩ au beau milieu du Poȩmȩ d'Homerȩ: nous an fȩsons notrȩ proprȩ: pouruu quȩ nous nȩ nous arrȩtons a nȩ sè quelȩ curiosite dȩ suiurȩ tout lȩ fil de l'Auteur dont il ȩt pris, einsi quȩ font ceus qui prenȩt la riuierȩ pour guidȩ: e quȩ la hontȩ nȩ nous ampȩsche point dȩ nous dȩpartir des rȩsons particulierȩs trop rȩchȩrcheȩs an l'Auteur, qui peùt ȩtrȩ n'i pansa onquȩs: e quȩ nous nȩ nous amusons a traduirȩ les passagȩs dȩ mot a mot a la modȩ des fidelȩs tranlateurs. . . .

Quȩ dirè jȩ plus? il faut du jugȩmant e dȩ la memoȩrȩ parmi ces troȩs partiȩs. Sauoȩr ȩt, qu'il faut lȩsser refroȩdir la chaleur dȩ notrȩ inuencion. Car nous nous plȩsons tousjours an cȩla quȩ nous inuantons. Autrȩmant nous nȩ l'ecririons mȩmȩ point. Puis aprȩs longuȩ surseancȩ, faut rȩtourner sus notrȩ besongnȩ. . . .

Einsi lȩ Poëtȩ lȩssȩra rȩposer sa Composicion: afin qu'apres s'ȩtrȩ rȩfrȩschì du prȩmier labeur, il sȩ mȩtȩ an rȩconnoȩssancȩ: la ou lȩ prȩmier sȩra, d'auiser si l'ordrȩ ȩt bon ou prepostȩrȩ. E si l'homme ȩt agu an cetȩ rȩuuȩ, facilȩmant toutȩs les autrȩs fautȩs sȩ presantȩront a lui pour les amander: tant ȩt important lȩ meritȩ dȩ la Disposicion.

47/107   [pp. 91–3]

Virgil is once again cited as an example.

Although the *Art Poëtiquȩ* is logically divided into books and chapters, there is sometimes, within the chapters, evidence of disorder. Here, for example, the argument shades first into the question of *imitacion* and translation (to be the subjects of the next two chapters) and then into self-criticism and corrections.

V. D¢ l'*Imitacion*

Vn¢ grand' parti¢ des f¢z humeins consist¢ an l'Imatacion:
Car la chos¢ la plus pront¢ e la plus ordiner¢ aus homm¢s,
c'¢t voulo¢r f¢r¢ ou dir¢ c¢ qu'iz vo¢¢t d¢ bien f¢t ou bien dit
par les autr¢s.

[p. 95]

Peletier then goes on to say that the most difficult part of
imitacion is to 'sauo¢r disc¢rner la v¢rtu d'au¢c l¢ vic¢'.
A thorough knowledge of Homer and Virgil will furnish
a poet with the necessary criterion to make this judgment.

Il n¢ faut pas pourtant qu¢ l¢ Poët¢ qui do¢t exc¢ler, so¢t
imitateur jure ni perp¢tu¢l. Eins s¢ propos¢ non seul¢mant de
pouuo¢r ajouter du sien, m¢s ancor¢s d¢ pouuo¢r f¢r¢ mieus
an plusieurs poinz . . .

Car la natur¢ des chos¢s n¢ soufr¢ jam¢s p¢rfeccion d¢
r¢ssamblanc¢. Par seul¢ imitacion rien n¢ s¢ f¢t grand: c'¢t l¢
f¢t d'un homm¢ pareceus e d¢ peu de keur, d¢ marcher
tousjours apr¢s un autr¢. Celui s¢ra tousjours d¢rnier, qui
tousjours suiura . . .

L'ofic¢ d'un Poët¢, ¢t d¢ donner nouueaute aus chos¢s vielh¢s,
autorite aus nouuel¢s, beaute aus rud¢s, lumier¢ aus obscur¢s,
fo¢ aus douteus¢s, e a tout¢s leur natur¢l e a leur natur¢l
tout¢s. Qu'il r¢gard¢ qui c'¢t qui l'à ancor¢s f¢t, e s'il n'à etè
f¢t, an quo¢ ¢t la faut¢. Auis¢ les generalitez e les particularitez:
examin¢ les passag¢s de Filosofi¢, la façon d¢ narrer, e combien
diu¢rs¢: quel¢ grauite, quel¢ grac¢ e bienseanc¢. S'il i à des
vic¢s, qu'il les euit¢, chos¢ facil¢: les v¢rtus, qu'il les egal¢,
chos¢ possibl¢: ou les surmont¢ chos¢ honorabl¢.

[pp. 96–7]

Then begins an extended and detailed comparison between the epic poetry of Homer and that of Virgil which lasts to the end of the chapter. Only at the end do other poets (Ariosto, for example) enter the discussion, and even then they are severely criticised. The most revealing comment in this section of the chapter is:

E conseilhé a tous bons espriz, d'ętré sobrés imitateurs, e fins: qui ęt l'un des sécręz dé la Poësié, tant s'an faut qu'iz i doęuét prandré gloęré. Car, quelé gloęré i à qué dé suiuré un chemin tout fęt e tout batu.

24/198   [p. 103]

The whole of this chapter on the imitation of literary models indicates that Peletier was fully aware of the limitations of such a programme considered as the basis of literary activity. Both in his analysis of Virgil's attitude to Homer and by his direct comments, he stresses the need to go beyond mere imitation. Imitation is for the lazy and the faint hearted; it can never lead to a major work of art or earn for the imitator the lasting glory to which so many sixteenth century poets aspire.

VI. *Des Traduccions*

La plus vręé especé d'Imitacion, c'ęt dé traduiré: Car imiter n'ęt autré chosé qué vouloęr fęré cé qué fęt un autré: Einsi qué fęt lé Traducteur qui s'asęruìt non seulémant a l'Inuantion d'autrui, męs aussi a la Disposicion: e ancor a l'Elocucion tant qu'il peùt, e tant qué lui pęrmęt lé naturęl dé la Languę tranlatiuę: par cé qué l'eficacé d'un Ecrit, bien souuant consisté an la propriete des moz e locucions: laquelé omisé, oté la gracé, e defraudé lé sans dé l'Auteur. Partant, traduiré ęt uné bęsongné dé plus grand travalh qué dé louangé. Car si vous randèz bien e fidelémant, si n'ętęs vous estimè sinon auoęr rétracè lé prémier protręt: e lé plus dé l'honneur an démeuré

a l'original. Si vous exprimèz mal, lę blamę en chèt tout sus
vous. Quę si votrę patron auoęt mal dìt, ancoręs ętęs vous
reputè hommę dę mauuęs jugęmãt, pour n'auoęr pas choęsì
bon examplerę. Sõmę, un Traducteur n'à jamęs lę nom
d'Auteur. Męs pour cęla, veù ję decourager les Traducteurs?
nanni, e moins ancoręs les frustrer dę leur louangę dię: pour
ętrę, an partię, causę quę la Francę à commancè a goúter les
bonnęs chosęs: E męmęs il leur dęmeurę un auantagę, quę
s'iz traduisęt bien e chosęs bonnęs: lę nom dę leur Auteur
fęra viurę lę leur: E cęrtęs cę n'ęt pas peu dę chosę, quę
d'auoęr son nom ecrit an bon lieu. E bien souuant ceus qui
sont inuanteurs, sę mętęt an hazard dę viurę moins quę les
Traducteurs: d'autant qu'unę bonnę Traduccion vaut trop
mieus qu'unę mauuęsę inuancion. Dauantagę, les Traduccions
quand ęlęs sont bien fętęs, peuuęt beaucoup anrichir unę
Languę. Car lę Traducteur pourra fęrę Françoęsę unę bęlę
locucion Latinę ou Grecquę: e aporter an sa Cite, auęc lę
poęs des santancęs, la majeste des clausęs e elegancęs dę la
languę etrangerę: deus poinz bien fauorablęs, par cę qu'iz
aprochęt des generalęs concepcions. Męs an cas des particularitez, lę Traducteur, a mon auis, doęt ętrę un peu creintif:
commę an nouueaus moz: lęquez sont si connoęssablęs, e
suspęz. Vn Traducteur, s'il n'à fęt voęr alheurs quelquę chosę
du sien, n'à pas cetę faueur des Lecteurs an cas dę moz,
combien quę soęt cęlui qui plus an à afęrę. E pour cęla ęt
moins estimè l'oficę dę traduirę. Vręi ęt quę quand son
Auteur sęra excęlant (car l'hommę prudant sę gardę bien d'an
traduirę d'autręs) il lui sęra pęrmis d'user dę moz tous neuz:
pouruu qu'il soęt cęrtein qu'il n'i an ęt point d'autręs: e lui
sęra une louangę.

[pp. 105–7]

Peletier continues by discussing a misinterpretation by
commentators of Horace's views on translating word for

word. He then goes even further afield to deal in some detail with the scansion of a particular line in Virgil.

Suiuant notre̸ propos, les Traduccions de̸ mot a mot n'ont pas grace̸: non qu'e̸le̸s soe̸t contre̸ la loe̸ de̸ Traduccion: me̸s seule̸mant pour re̸son que̸ deus langue̸s ne̸ sont jame̸s uniforme̸s an frase̸s. Les concepcions sont comune̸s aus antãde̸mans de̸ tous hommes: me̸s les moz e maniere̸s de̸ parler sont particuliers aus nacions. . . .

E qui pourroe̸t traduire̸ tout Virgile̸ an ve̸rs Francoe̸s, frase̸ pour frase̸, e mot pour mot: ce̸ se̸roe̸t une̸ louange̸ inestimable̸. Car un Traducteur, commant sauroe̸t il mieus fe̸re̸ son de̸uoe̸r, sinon an aprochant tousjours le̸ plus pre̸s qu'il seroe̸t possible̸ de̸ l'Auteur auquel il e̸t suje̸t? Puis, pansèz quele̸ grandeur ce̸ seroe̸t de̸ voe̸r une̸ se̸conde̸ Langue̸ repondre̸ a toute̸ l'elegance̸ de̸ la pre̸miere̸: e ancor auoe̸r la sienne̸ propre̸. Me̸s, comme̸ j'è dìt, il ne̸ se̸ peùt fe̸re̸.

60/101 [pp. 109–11]

Like Du Bellay, Peletier sees that translation is a difficult art and that it has a role in enriching the French language. He is not nearly so scathing about translation as Du Bellay, probably because his *Art Poëtique* was not in any sense meant as a counterblast to Sebillet, who had spoken of translation as a poetic form in its own right. See pp. 54, 81.

VII. *D'ecrire̸ an sa Langue̸*

La Poësie̸, comme̸ les autre̸s Ars, e̸t un don venant de̸ la faueur celeste̸, pour e̸tre̸ de̸partì a toute̸s g'ans par communaute. Notre̸ intancion e̸t de̸ former ici un Poëte̸ pour toute̸s langue̸s uniue̸rse̸le̸mant. Me̸s si e̸tce̸ pourtant, qu'il se̸ doe̸t tousjours antandre̸, que les precepte̸s doe̸ue̸t e̸tre̸ pratiquez an la Langue̸ natiue̸.

[pp. 112–13]

An introduction to French
sixteenth century poetic theory
151

Car il ęt certein, qu'unę Languę aquisitiuę n'antrę jamęs si
auant an l'antandęmãt commę la natiuę. L'Art bien imitę la
Naturę tant qu'il peùt: męs il nę l'ateint jamęs. Puis les
Languęs, eins toutęs chosęs du monde, n'ont ęlęs pas leurs
Sieclęs? Que voulons nous? anrichir la Latinite? męs commant
le ferons nous, quand ceus qui la suçoęt dę la nourricę, i ont
fęt leur dęrnier efort? C'ęt bien ici, quę nous nous montrons
dę pętit couragę, qui emons mieus suiurę tousjours les
dęrniers, quę nous mętrę an un rang auquel nous puissions
ętrę pręmiers. Nous tęnons notrę Languę esclauę nous
męmęs: nous nous montrons etrangers an notrę proprę païs.
Quelę sortę dę nacion sommęs nous, dę parler ętęrnęlęmant
par la bouchę d'autrui? . . .

[pp. 113–14]

Donq, sę contantę notre Poëtę d'avoęr connoęssancę des
Languęs extęrnęs, e connoęssę a quoę il les a prisęs: qui ęt
pour an tirer les bonnęs chosęs, e les amployer an son langagę
naturęl. Quę s'il veùt s'excęrcer a ecrirę an autrę Languę quę
la siennę: lę facę de telę sortę, quę cę soęt commę par passętans,
ou bien par un labeur accessoęrę. E pansę, puisqu'il n'ęt plus
possiblę dę voęr un autrę Homerę an Grec, ni un autrę
Virgilę an Latin: dę prandrę couragę, e n'estimer point im-
possiblę d'an voęr l'un des deus an Françoęs.

27/59   [p. 115]

It is worth remembering that for Peletier the recommendation to
write in French applied only to literary works. Throughout his life
he wrote non-literary treatises on mathematical and medical subjects, sometimes in French and sometimes in Latin. For fuller
details see Boulanger, *op. cit.*, pp. 1–3.

VIII. *Des Moz, e dę l'eleccion e innouacion d'iceus*

Lęs Moz, an un Langagę sę peuuęt comparer aus sis voęs an
la Musiquę: aus dis simplęs Nombręs an l'Aritmetiquę: e aus

piẹrres an la Maconnẹriẹ . . . commẹ des piẹrrẹs diuersẹmant assortiẹs, sẹ font tant dẹ manierẹs dẹ bátimans sẹlon l'industriẹ dẹ ouurier: einsi pour l'explicacion des chosẹs sẹ font diuẹrsẹs structurẹs e acommodacions dẹ moz, qui font les diuẹrsitez d'orẹson e dẹ stilẹ. [pp. 116–17]

The words Virgil uses may well be the same as those found in Lucan, for example, but the effect is quite distinctive.

Quant ẹt dẹ l'innouacion d'iceus, faudra auiser si notrẹ Languẹ an aura fautẹ: E an tel cas, ne sẹ faut feindrẹ d'an former dẹ nouueaus. Vn mot bien deduit du Latin aura bonnẹ gracẹ, an lui donnant la teinturẹ Françoẹsẹ.

[pp. 117–18]

Peletier gives some examples of this: Latin infinitives ending in 'ire' become French infinitives ending in 'ir', etc.

Lẹ preceptẹ general an cas d'innouacion dẹ moz, ẹt quẹ nous eyons l'astucẹ dẹ les cacher parmi les usitez, de sortẹ qu'on nẹ s'apẹrçoẹuẹ point qu'iz soẹt nouueaus. Car il n'ẹt rien si suspet, qu'un mot ancorẹs non oui: principalẹmant an Francẹ, ou les hommẹs ont etè jusquẹs ici dificilẹs, e dedeigneus d'accepter téz presans.

[p. 119]

Peletier refers to several reasons why poets are hesitant about inventing words (fear of criticism, particularly from older poets who do not take kindly to innovation).

Einsi, les hommẹs par creintẹ les uns des autrẹs, creignẹt d'an innouer. Vrẹt ẹt, qu'il i à cẹrteinẹs nouueautez qui sont si aprochantẹs du naturẹl, qu'ẹlẹs nẹ tienẹt rien de l'etrangẹ. E an tel cas, l'ingenieus Ecriteur aura non seulẹmant libẹrte, mẹs aussi meritẹra louangẹ, dẹ sẹ mẹtrẹ an dẹuoẹr dẹ peupler lę Royaumę Françoęs dę tez suplimans. Quęz sont les moz de legitimę composicion: commę Atlas Portęciel, L'Ęr Portęnuę, l'Aquilõ Portęfroęd: E d'autręs telęs composicions artificięlęs, quę je n'è bęsoin dę declerer ici dę peur de cę quę j'ę dit un peu dęuãt. Les Ajectiz sustantiuez, sont ja tous ręçùz: Commę lę vęrd, pour la vęrdurę: lę gueï, pour la guęyętę. E nę feindrę mệmę dę dirę: ję n'an sè autrę pour ję n'an sè autrę chosę. Nous metrons ancor bien poëtiquęmant lę Nom pour l'Auęrbę: Commę, il và frequant, pour frequantęmant: il marchę magnifiquę, pour magnifiquęmant. Nous auons u dę nouueau grandissimę, bęlissimę: dont nę fęrè dificulte d'user. E ancoręs, commę j'ę dit quelquęfoęs an joyeus dęuis, ję voudroę quę quelquę hardi inuanteur út fệt vęnir grandieur, e bęlieur: pour, plus grand e plus beau: afin quę nous ussions Positiz, Comparatiz, e Supęrlatiz. Il nę sęra defandù dę ramęner quelquęfoęs les moz anciens.

[pp. 119–21]

E pansons qu'il n'ệt mot si rudę, qui nę trouuę sa placę, si nous pręnons l'auis dę lę bien coloquer. Je trouuęrè ancoręs bon quę les moz païsans, c'ęt a dirę particuliers aus nacions, sę metęt au Poęmę. . . .

[p. 122]

Brief, lę Poëtę pourra aporter, dę mon conseilh, moz Picars, Normans, e autręs qui sont souz la Couronnę: Tout ęt Françoęs, puis qu'iz sont du païs du Roę. C'ęt un des plus insinęs moyens d'acroętrę notrę Lãguę: e ęt cęlui par lęquel les Gręz sę sont fệz si plantureurs. Donq pour nous egaler aus anciens, faudra user dę toutęs les inuancions honnệtęs quę nous pourrons, tandis quę notrę Languę ęt antrę noz meins, e an notrę gouuęrnęmant: vu mệme quę nous auons d'autręs desauantagęs assez: Antrę autręs: quę noz Nons nę sę declinęt point. Puis, un autrę point qui nous tient an grand' sugecion:

c'ęt quę nos moz nę sę peuuęt preposer antręmęler e postposer einsi libręmant, comme an Latin e an Grec.

[pp. 124–5]

Further examples follow.

Nę soyons donq plus si scrupuleus, quant au choęs des moz: Trouuons les, e les mętons an sęruicę nouueau pour les nouuęlęs chosęs. Car sans point dę doutę, la chosę la plus deplęsantę aus hommęs erudiz, ęt dę sę voęr abondans an inuancions, e defectueus an parler.

59/121   [p. 125]

Although Peletier's treatment of this subject is more systematic than Du Bellay's, there is little here of substance which is not also in the *Deffence* (see pp. 104–6) or in Ronsard (see pp. 191–2, 207–8).

Peletier's attitude differs from others in the sixteenth century in that he positively recommends the modelling of French words on Greek and Latin. Du Bellay seems to have had varying opinions on this matter (see pp. 83–5); other commentators, like Quintil Horatien and Geoffroy Tory for example, roundly condemn such practice as 'ecorcherie'—a term which is echoed by Ronsard. Needless to say, writers' practice does not accord with their theoretical views. For fuller details on this subject consult Marty-Laveaux, *La Langue de la Pléiade*, and Chamard, *H.P.*, IV.

IX. *Des Ornęmans dę Poësię*

La pręmierę e plus dinę vęrtu du Poęmę ęt la Clęrte: einsi męmę quę lę parler commun nous temoignę, quand on dìt par singularite dę louangę, cetę chosę ou cęlęla auoęt etè eclęrcię e ilustreę par un tel ou un tel, ou an tel tans ou an tel. Au contrerę, par manierę d'acusacion e desestimę, auoęr etè obscurcię e auilię. E cetęci ęt la beaute uniuęrsęlę, laquelę doęt aparoęr par tout lę cors du Poęmę: acompagneę d'unę

c¢rtein¢ majeste, qui n¢ rand¢ point l'Euur¢ intretabl¢: e
d'un¢ grauite, qui n¢ l¢ fac¢ point trouuer trop superb¢. E a
cet¢ci, les particuliers Orn¢mans do¢u¢t obeïr: léquez s¢ront
rar¢s e antr¢luisans parmi le Po¢m¢, comm¢ les fleurs an un
pre, ou comm¢ les anneaus es do¢z.

[p. 126]

The image is continued for several lines.

Peletier's insistence on *clerté* is important not only in itself but also
because it occurs at the beginning of the chapter devoted to
ornemans; it serves as a warning against an excessive preoccupation
with them, as the comparison with flowers and rings makes clear.

Puis s¢cond¢remant, i sont r¢quis¢s les grac¢s, beautez e
eleganc¢s delectabl¢s. Comm¢ sont, antr¢ autr¢s, les Fabl¢s:
léquel¢s faut seul¢mant toucher an passant, pour an donner
la r¢mambranc¢ au Lecteur: E non pas les decrir¢ tout au
long: qui ¢t l¢ trete, non point d'un Euur¢ serieus, m¢s d'une
Metamorfos¢. Car an racontant une Fabl¢ tout antier¢, c'¢t
comm¢ si un Orateur obs¢ruo¢t form¢l¢mant tout¢s les
precepcions d¢ Retoriqu¢, e tout par ordr¢; aussi sup¢rsticieus¢-
mant, comm¢ s'il declamo¢t ancor an un¢ Ecol¢. An tout¢s
sort¢s d'orn¢mans, faut euiter l'ostantacion: e les antr¢meler
quelqu¢fo¢s dissimulemant, e comm¢ si c'eto¢t par megard¢ e
incuriosite. C¢ qui anrichìt bien un Ecrit, sont les descripcions:
Comm¢ de Tamp¢t¢s, d¢ païsag¢s, d'une Auror¢, d'un¢
minuit, d'un¢ Fam¢, e tel¢s singularitez: pouruu qu'on ¢t cet
auis, d¢ leur sauo¢r donner leur lieu. Puis les Metafor¢s e
Alegori¢s: léquel¢s se peuu¢t tout¢s deus comprandr¢ sous
c¢ mot de Tranlacion. Comm¢, armer les sag¢t¢s d¢ venin:
les tamp¢t¢s populer¢s, les g'amm¢s d¢ la vigne, la gu¢y¢te
des blez: la flamm¢, pour l'Amour: la fleur d'ag¢ pour
l'adolessanc¢.

[pp. 127-8]

Peletier refers to several effects to be avoided, for example 'moz deshonnẹtẹs', 'tẹrmẹs trop abjez'; he advises that comparisons should be chosen from nature.

. . . la Comparẹson, qui ẹt d'eclẹrcir, exprimer e rẹpresanter les chosẹs commẹ si on les santoẹt. Elẹ dẹura donq ẹtrẹ proprẹ e bien acommodeẹ. Commẹ, vous nẹ comparẹrẹz pas unẹ Armeẹ a unẹ bandẹ dẹ Mouschẹs: Ni un Turnẹ sortant maugre lui dẹ la prẹssẹ, a l'Anẹ, qui nẹ veut point partir du páturagẹ pour les garsons qui lẹ frapẹt e rẹfrapẹt: Car telẹ comparẹson ẹt deshonnẹtẹ e desagreablẹ. . . .

On nẹ comparẹra pas nomplus l'hommẹ foẹblẹ a une Souriz, e lẹ plus fort, a un Chat: car c'ẹt chosẹ ridiculẹ e vilẹ: Mẹs bien cẹtuila, a unẹ Colombẹ impuissantẹ, e cẹtuici a une Eglẹ rapacẹ.

[p. 130]

Descriptions of people should be suitable to their age, status and occupation, etc. Virgil is cited as the master of this art. Peletier says that he himself has tried to match the words he uses with the meaning they express.

E brief, auons gardè an tout le Chãt [*Amour des Amours*, p. 107] unẹ rẹpresantacion la plus procheinẹ antrẹ les chosẹs e les moz, que nous auons sù chẹrcher an la languẹ Françoẹsẹ.

[pp. 133–4]

Peletier recommends various Latin authors for the vividness of their descriptions before simply listing and giving examples or explanations of the following *ornemans*: *Antonomasiẹs, Hipẹrbolẹs, Amphasẹs, Prosopopeẹs, Ironiẹs, Rẹdoublẹmant, Apostrofẹs, Antitesẹs, Perifrasẹs, Circonlocucion, Metonimiẹ*. The chapter ends with the following:

Mẹs quẹ dirè jẹ plus des Ornẹmans dẹ Poësiẹ? léquez sont si

diuęrs, qu'il les mę faut par necessite remętrę an la felicite du Poëtę; pour n'exceder lę dęuoęr d'anseignęmant, qui ęt d'ętrę brief. Car cęrtes il nę sę peùt dissimuler, quę l'eureusę nęssancę du Poëtę nę soęt cęlę qui plus lui eidę a gagner l'honneur: voęrę an cas d'anrichicęmans, léquez samblęroęt ętrę dùz a l'artificę. Telę felicite ęt naturęlę: męs en partię aquisituę. Nous ranuoyęrons donq tousjours a la lecturę des Poëtęs: Cęlui qui promęt dę soę la gloęrę e lę pris, lęs decouurira an lisant: e an ręcęura ocultęmant les sęmancęs, dont il fecondęra tout lę champ dę son Poęmę. E fęra par etudę e eureus exęrcicę, quę toutes les richęcęs sę presantęront a lui tout dę gre, quand il an aura bęsoin.

55/184 [p. 137]

X. *Des Vicęs de Poësię*

Les Vicęs ęsemant sę connoęssęt par l'oposité des Vęrtuz: léquelęs on nę peùt mancionner bonnęmant, sans donner par męmę moyen unę ateintę e souuęnancę dę leur côtrerę. Commę donq nous auons dìt la clęrte ętrę lę plus insinę ornęmant du Poęmę: einsi l'obscurite sę contęra pour lę pręmier vicę. Car il n'i à point dę diferancę antrę nę parler point, e n'ętrę point antandù. Ancor pansęroęję ętrę plus mal fęt dę parler obscuręmant, quę dę nę parler point du tout: Car on tient lę tans d'un hommę qui s'amusęroęt alheurs. Męs il i à manierę dę juger les obscuritez. Car si le Poëtę n'usę point dę moz trop loin chęrchez, ni trop afectez, ni impropręs: s'il n'ęt point trop brief: s'il a suiuì bon ordre (qui sont les poinz qui garanticęt d'obscurite): alors s'il n'ęt antandù, cę sęra la fautę du Lecteur, e non pas dę l'Auteur. Commę si pour quelquę Fablę aleguę par ateintę: si pour quelquę neu dę Filisofię mis par anrichicęmant: si pour quelquę Histoęrę touchęę par brief incidant: commę, si pour quelquę bonnę alusion, lę Lecteur ęt tard a comprandrę: qu'il s'an acusę, e

non pas l'Auteur: lₑquel plus tót sₑroₑt acusablₑ, s'il auoₑt
ecrìt trop au long: e s'il anseignoₑt commₑ an unₑ Ecolₑ.
Mₑs nous parlons ici dₑ l'obscurite naturₑlₑ e pour einsi dirₑ,
radicalₑ: Laquelₑ se connoₑt a cₑla quₑ l'Ecriteur tout par
tout ₑt samblantₑ a soₑ e qu'il pₑrsiste an son stilₑ non antan-
diblₑ: quand on voₑt des poinz an lui qui sₑ pourroₑt treter
plus ilustrₑmant, quand on voₑt que cₑla lui prouient d'unₑ
aprehansion trop elongneₑ: quand aprₑs auoₑr longuₑmant
songè an ses desseins, on ₑt contreint d'an dₑuiner la moₑtie. . . .

[pp. 138–9]

Peletier's insistence on *clerté* (and its reverse, the avoidance of
obscurity) is not a facile rejection of all that might be difficult.
His differentiation between the various types of obscurity is a
model of clarity.

Quand, pour examplₑ, an Latin vous voyèz quelquₑ Poëtₑ
obscur an un Sugₑt qui dₑ soₑ ₑt bien tretablₑ: e qu'on peùt
facilₑmant juger quₑ si un Virgilₑ l'út ù an mein, il ne l' út
pas einsi randù dificilₑ: eins l'út ornè, eclₑrcì e ambₑlì: Lors
on sₑ peùt assurer quₑ c'ₑt Vicₑ.

[p. 140]

. . . ₑt donq le Poëtₑ lₑ prₑmier soin dₑ donner lumierₑ a
son ouuragₑ: e pansₑ quₑ lₑ tans n'ₑt plus dₑ ceus qui sₑ
delₑctₑt es chosₑs obscurₑs, pour prandrₑ ocasion dₑ sₑ
glorifier dₑ les auoₑr comprisₑs: ou pour s'an rejouir, non pas
commₑ dₑ les auoₑr aprisₑs, mₑs commₑ dₑ les auoₑr in-
uanteₑs. Il faut sus toutₑs chosₑs qu'un Ecrit soₑt louablₑ
anuₑrs les doctₑs: e cₑ pandant qu'aus moins sauans il donnₑ
dₑ primₑ facₑ quelquₑ aprehansion dₑ beaute, e quelquₑ
esperancₑ dₑ lₑ pouuoₑr antandrₑ. E cₑla gìt an nₑ dirₑ ni plus
ni moins qu'il faut, chosₑ dₑ grandₑ dificulte, principalₑmant
an notrₑ Poësiₑ Françoₑsₑ: ou la Rimₑ nous tient an grandₑ
sugecion. Mₑs d'autant plus sₑ faut il eforcer a la vₑrtu: e

montrer quę la dificulte dę la Rime sęrt expręssemant, pour
longuęmant panser a bien fęrę. A fautę dę quoę, auienęt
toutęs les sortęs dę Vicęs: Commę antrę autręs la Repugnancę
ou Contrariete: laquelę, pour rien nę dissimuler, nous ęt
fort frequantę an notre Poësię Françoęsę. E i an à bien peu
qui nę sę contredięt, non point d'un Euurę a autrę seulęmant,
męs an un męmę Euurę: non point an un męmę Euurę, męs
an un męmę androęt. Qui ęt un vicę fort ręprochablę: E qui
d'autant plus songneusęmãt sę doęt euiter, quę plus facilęmant
il arriuę. Car l'hommę etant composè de contreręs, e eyant
l'esprit exposè a tant d'objez diuęrs, douteus, obscurs, vreis
e faus: malęsemant se peùt meintęnir an un trein inuariablę,
sans trouuer rancontręs, ofansęs, e detourbiers qui lui facęt
oublier sa droętę voçę. E dę męmę causę procedęt les Ręditęs:
męs un peu plus excusablęs, toutęfoęs qui arguęt unę non-
chalancę dę stile e dę ręuuę. Ię trouuę ancoręs unę fautę
assez coutumierę, qui ęt lę long parler, ou mieus, lę trop
parler: quę les Gréz apelęt Macrologię.

[pp. 141–2]

Il i an à qui voulans euiter lę commun usagę d'ecrirę, souz
especę d'elegancę usęt d'unę circuicion, ręchargęt moz sus
moz: e an fin sę trouuęt n'auoęr rien dìt quę des Moz. La
supęrfluite prouient a aucuns, dę la peur qu'iz ont quę leur
artificę, leur inuancion, e leur labeur n'apparoęssęt. Męs sans
point dę doutę, celui nę sèt pas la manierę dę sę fęrę estimer,
qui dęsirę ętrę trop tót connù. Il faut tousjours cacher quelquę
chosę d'exquis dędans ses Ecriz, e lę consacrer an tans: lequel
ęt mętrę dę tout, e decouurę tout, l'un aprés l'autrę. Qui
chęrchęra bien dędans Virgilę: il i trouuęra tousjours quelquę
sęcręt, ję dì expręssemant couuert dę l'auteur: e auquel les
Lecteurs n'auoęt point ancoręs pansè. Car les chosęs qui sont
euidantęs an lui, aparoęssęt si richęs, qu'ęlęs donnęt unę
certeinę assurancę, quę cę qui ęt latant, doęt ętrę precieus.

Or an cas dę vicęs, sę faut bien souuęnir du mot d'Horacę:
quę lę soin dę fuir lę mal, souuant nous conduìt an un autrę
mal: si nous n'i auisons dę pręs. Commę, pour euiter super-
fluite e ętrę brief, on dęuient obscur: Qui veùt ętrę facile, il
dęuient mol, efemine e sans nęrs: Qui veùt ętrę grauę, dęuient
anfle: Qui veùt fęrę son Poęmę delęctablę par variete, il fęt
un Ecrit monstrueus, męlant les chosęs vielhęs auec les
nouuęlęs, les hautęs auęc les humilęs, les vulgueręs auęc les
magnifiquęs. E cęrtęs ces vicęs la qui s'ancouręt souz especę
dę vęrtu, sont les plus etrangęs. Car commę chacun sę mętę
an deuoęr dę fuir les autręs dęfaus: ceus ci samblę qu'on les
chęrchę: Antrę lęquez sont les ornęmans afectez, qu'Horace
apęlę bien propręmant ambicieus. A brief parler, lę Poętę sę
deliberę e sę preparę contrę les fautęs qui arriuęt generalęmant
an deus androęz: aus chosęs e aus moz: Es chosęs, commę
obscuritez, impęrtinancęs, vilitez, contrarietez, excęs, reditęs:
Es moz, commę improprietez redondancęs, ambiguitez e
mauuęsęs composicions. Se souuienę tousjours dę cę quę nous
auons dit an l'Imitacion, qu'il i à infinięs sortęs dę malfęrę, e
unę seulę dę bien fęrę. E pour cęla, faut infinimant traualher
a paruenir aus Vęrtuz, e incessammant veilher pour nę tõber
es Vicęs. Męs par cę quę nous n'auõns pas antrępris au com-
mancęmant d'instruirę lę Poëte mal ne: il nous sufira d'auoęr
mis ici, non la multitudę des Vicęs, qui sęroęt chosę trop
annuieusę: męs la notablę męrquę des plus insinęs: qui deura
ętrę assez a cęlui qui aura anuię dę connoętrę cę qu'il doęt fuir
ou suiurę.

105/120   [pp. 142–5]

SĘCOND LIURĘ

I. *Dę la Rimę Poëtiquę*

Aprèş auoęr tretè les precepcions uniuęrsęlęs dę la Poesïę, mę
samblę ętrę tans d'entręmęler les particularitez dę la Françoęsę:

Dequelƹs la premierƹ, ƹt la Rimƹ: qui ƹt, einsi quƹ nous auons
usurpè, (combien quƹ cƹ soƹt contrƹ la sinification du mot
original) unƹ tƹrmineson e cadancƹ samblablƹ, dƹ deus vƹrs
ou plusieurs.

[pp. 147–8]

Peletier refers summarily to the longevity of rhyme, to its
low standing among Greek and Latin poets and to its place
among the oratorical *figures*.

Or dƹ quelquƹ lieu qu'ƹlƹ nous soƹt vƹnuƹ, rƹcƹuons la, non
seulƹmant par coutumƹ, mƹs ancorƹs pour une formƹlƹ beautè
dƹ Poësiƹ. Car si les Poëtƹs sont dìz chanter pour rƹson quƹ lƹ
parler qui ƹt compassè d'unƹ cƹrteinƹ mƹsurƹ, samblƹ ƹtrƹ
un Chant: d'autant qu'il ƹt mieus composè au grè dƹ l'oreilhƹ
quƹ lƹ parler solu: La Rimƹ sƹra ancorƹs unƹ plus exprƹssƹ
mƹrquƹ dƹ Chant: e par consequant, dƹ Poësiƹ. E la prandrons
pour assez dinƹ dƹ suplir les mƹsurƹs des vƹrs Gréz e Latins,
fƹz dƹ cƹrtein nombrƹ dƹ piez quƹ nous n'auons point an
notrƹ Languƹ. Car commƹ il soƹt necesserƹ qu'an toutƹs
languƹs il i ƹt cƹrteinƹs e manifestƹs distinccions antrƹ la
Poësiƹ e l'Oratoƹrƹ: La Rimƹ ƹt l'unƹ des plus euidantƹs quƹ
nous eyons: d'autant qu'an vƹrs Françoƹs ƹlƹ aportƹ un con-
tantƹmant e plesir: e qu'an prosƹ ƹlƹ seroƹt desagreablƹ, au
moins pour ordinerƹ. E pour cƹla, j'è tousjours etè d'auis
quƹ la Rimƹ des vƹrs doƹt ƹtrƹ exquisƹ e, commƹ nous disons,
richƹ. Car si on m'aleguƹ la sugecion quƹ c'ƹt quƹ d'i ètre si
consciancieus: on nƹ sauroƹt par cƹla gagner autrƹ chosƹ,
sinon qu'on veùt chƹrcher un subtƹrfugƹ dƹ labeur.[3] Si on mƹ
dìt quƹ les Rimƹs richƹs sont trop rarƹs e qu'ƹlƹs ampƹschƹt
l'execucion d'un bon propos ou d'unƹ bƹlƹ manierƹ dƹ parler:
je pourroƹ repondrƹ quƹ les bƹlƹs locucions aussi sont rarƹs,

3 Compare Du Bellay's comment on *rime riche* (p. 106).

e qu¢ si pour contreint¢ d¢ la Rim¢ il ne vient a propos d¢ les pouuo¢r m¢tr¢ a une fin d¢ vers: il les faut m¢tr¢ au milieu, les changer, les ruminer, auiser si nous pouuons user d¢ tranposicion d¢ moz, ou si nous auons l¢ moyen d'an user autr¢mant ou autr¢mant. Sauons nous pas bien si deus, tro¢s, quatr¢, qu¢ dirè j¢? si douz¢ bons Poët¢s Franço¢s antr¢pr¢no¢t d¢ traduir¢ quelqu¢ lieu d¢ Virgil¢: il n'i auro¢t pas un d¢ tous, qui rancontrát an m¢mes moz ni an m¢m¢s Rim¢s qu¢ son compagnon? qui ¢t sin¢ qu'un¢ m¢me chos¢ s¢ peut ecrir¢ autant eleg̃amant qu¢ diu¢rs¢mant, pouruu qu'on i pans¢. Dauantage s'il n'eto¢t question qu¢ d¢ parler ornémant: il ne faudro¢t sinon ecrir¢ an pros¢: Ou s'il n'eto¢t question qu¢ d¢ rimer: il n¢ faudro¢t sinon rimer an Farceur. Mes an Poësi¢ il faut f¢r¢ tous les deus, e bien dir¢ e bien rimer. Car si la Rim¢ s¢rt au pl¢sir de l'oreilh¢: cert¢s plus ¢l¢ s¢ra exact¢, e plus d¢ contant¢mant ¢l¢ donn¢ra. Il n'ì à c¢lui d¢ tous noz Poët¢s, qui n¢ so¢t bien ¢s¢ pour les deus ou pour les quatr¢ pr¢miers v¢rs d'un¢ sien¢ composicion, de f¢r¢ un¢ Rim¢ la plus rich¢ qu'il peùt: Puis quand par tr¢t d¢ plum¢ il vient a rimer plus neglig'ammant: qu¢ sauro¢t il f¢r¢ panser, sinon qu'il s¢ lass¢? M¢s pour repondr¢ a l'objeccion qu¢ la Rim¢ amp¢sch¢ la colocacion d'un¢ b¢l¢ fras¢, ou d¢ quelqu¢ bonn¢ santanc¢: j'è opinion tout¢ contrer¢, qu'¢l¢ ¢t, comm¢ j'auo¢ touchè sus les Vic¢s, caus¢ qu'an pansant, il s¢ presant¢ a nous quelqu¢ bon dessein e quelqu¢ bonn¢ ordonnanc¢ d¢ propos. E si è tousjours etè d'auis, qu¢ tant plus on pans¢ a bien f¢r¢, e tant plus on f¢t bien: tant la longu¢ meditacion peùt tout. E c¢rt¢s, il faut qu¢ j¢ di¢ c¢la d¢ mo¢, qu¢ j'è etè c¢lui qui plus è voulù rimer curieus¢mant: e suis contant d¢ dir¢, sup¢rsticieus¢mant.[4] M¢s si ¢tc¢ qu¢ jam¢s propriete d¢ rim¢ n¢ m¢ fìt abandonner propriete ni d¢ moz ni d¢ santanc¢s: l'antàn tout¢s chos¢s pareilh¢s. Car si j'è etè impropr¢ ou an

---

4 Peletier may have been thinking of a particular passage in the *Deffence* (p. 108) when he wrote this.

disposicion ou an elocucion: la curiosite dę biē rimer nę lę m'à point causè qui n'ussę pas mieus fęt, quand j'ussę etè moins afeccionnè a l'exquisicion dę Rime. E quant a la santancę, il sę pourra connoętrę qu'ęlę nę m'i a point fęt falhir: par les Traduccions quę j'è autrefoęs fętęs dę bons Auteurs. Vręi ęt, quę ję nę reprendrè pas, einçoęs nę prisęrè pas moins, un hommę: pour nę ręchęrcher unę Rimę si songneusę commę sont, misericordieusęmant e melodieusęmant, qui ęt unę Rimę miennę:[5] ni męmę nę trouuęrè jamęs mauuęs, dę rimer, auantagę sus dommagę. E si on nę lę trouuę an mes Euuręs: qu'on pansę, qu'il nę m'ęt pas venù a propos: ou qu'on l'atribuę au grand labeur (qui mę peù nommer lę misęrablę Artisan du Democritę Horacien) quę j'è dę coutumę dę prandrę an mes Ecriz: voęrę si grand, que telę foęs je suis contreint dę mętrę quelquęs neglig'ancęs deliberęęs, pour cacher ma misęrę.

Voęla cę qu'il mę samblę dę la Rimę: si je dì ancorę, quę dę mon opinion, les Rimęs nę doęuęt ętrę trop distamment separęęs. I'antàn qu'antrę deus vęrs d'unę couleur, n'i doęuęt ętrę, pour lę plus, quę deus autręs vęrs. E n'imiter les Italiens, qui au dęrnier dę leurs Sonnęz, diferęt la reponsę dę la rimę jusquęs a un cinquiémę vęrs. Car c'ęt fęrę trop languir l'oreilhę des ecoutans.

81/91   [pp. 149–52]

This chapter roughly corresponds to Chapters II and IX in the first book of Sebillet's *Art Poétique* and to Chapters VI and VII in Du Bellay's *Deffence*, although there are significant differences too: Sebillet attempts little in the way of an enunciation of principle; Peletier, unlike Du Bellay, has no comment to make on visual rhymes or on rhyming short and long syllables; he deals with the question of alternating rhymes in *Du Sonnet* (II, 4). See pp. 35–61 111, 166.

5 See p. 107.

M

II. *Des Vęrs Françoęs*

C¢ nous ęt grand auantag¢, qu¢ notr¢ Langu¢ à pris des Vęrs d¢ tout¢s męsur¢s, depuis deus silab¢s jusqu¢s a douz¢: Qui ęt un¢ commodite d¢ s¢ pouuoęr ebatr¢ an tous g'anr¢s d¢ Poęm¢s. Excete pourtant, que nous n'an auons point d¢ neuf silab¢s. Les vęrs d¢ deus, sont fort rar¢s, e d¢ bien petit usage: voęr¢ ceus d¢ troęs e d¢ quatr¢. Ceus d¢ cinq, ont commanc¢-mant d¢ grac¢, pour fęr¢ chos¢s courant¢s. Comme Marot à fęt, Grison fù Hedart.[6] Ceus d¢ sis s¢ męt¢t commod¢mant es Od¢s, principal¢mant, quand c¢ sont chos¢s guę¢s. I'i è decrìt mon Rossignol. D¢ sęt e d'huit, sont fort frequans, e capabl¢s d¢ l'Od¢ serieus¢. Restęt les Decassilab¢s e Dodecassil-ab¢s: c'ęt a dir¢ de dis e d¢ douz¢. Déquęz l¢ pręmier, jusqu¢s ici, à etè acommodè aus fęz Heroïqu¢s. L¢ Dodecassilab¢, autr¢mant vęrs Alexandrin, etoęt fort rar¢, jusqu¢s a cet ag¢: lęquel nous auons ouì auoęr etè einsi dìt, par c¢ qu'an c¢ vęrs furęt pręmier¢mant ecrìz les gest¢s d'Alexandr¢, par un d¢ noz anciens Poët¢s Françoęs. Il à puis naguer¢s etè r¢cu pour Heroïque: qui ęt son vrei e propr¢ usag¢. Car l¢ Decassilab¢ etoęt trop court. . . .

[pp. 153-5]

The description *vers héroïques* was applied to the alexandrine (and not to the decasyllable) for the first time in 1555 by Ronsard. See Boulanger, *op. cit.*, p. 155, n. 11, for further details of this as well as a brief summary of Ronsard's changing attitude towards the relative merits of the alexandrine and the decasyllable.

Ces deus dęrniers g'anr¢s d¢ vęrs Françoęs (pour n'omętr¢ les chos¢s menu¢s) sont ceus qui ont Cesur¢: car tous les autr¢s n'an ont point. La Cesur¢ du Decassilab¢ ęt an la quatriém¢ silabe: Comm¢, Qui au conseilh des malins n'a etè: La Cesur¢

6 This is the first line of an *epitaphe* by Marot quoted by Sebillet, *op. cit.*, p. 37.

ęt sus la dernierę de conseilh. Cęlę du Dodecassilabę ęt an la siziémę: Commę an ce vęrs dę Ronsard, Quand cę brauę Ampęreur, qui sę donnę an song'ant: la Cesurę ęt sus la dernierę d'Ampęreur: E an chacũ la Cesurę fęt tousjours la fin d'un mot. Quę si la Cesurę ęt femininę ou surcroęssantę: lę mot suiuant commancęra par voyęlę. Comme, Au moins ma Damę, etant dę moę seruię. Autant s'antand dę la Cesurę du Dodecassilabę. . . .

[pp. 156–7]

Peletier indicates similarities between the *coupe* in French and in the Latin hexameter before returning to two more simple rules for the caesura.

Ie nę veù aussi oublier, quę non seulęmant la Cesurę Françoęsę ęt a la fin due mot: mes ancorę, qu'ęlę nę sę doęt mętrę sus un mot monossilabę. . . .

[p. 158]

Lę n'ignorę pas quę quelquęs uns dę notrę tãs n'ęęt voulù introduirę la façon des vęrs sans Rimę: chosę quę ję nę recoę grandęmant: ni nę ręgetę aussi. Męs je dì bien, quę sufisant tant seulęmant la Cesurę e lę nombrę des silabęs pour fęrę un vęrs: il i aura peu de diferancę antrę les vęrs e la prose. . . .[7]

Lę nę voudroę pas reprouuer les vęrs metrifiez a la modę dę ceus des Gréz e des Latins: léquęz je voę auoęr etè esseyèz par aucuns des notręs. Męs il n'i à pas petitę dificulte. E faudroęt bien sauoęr obsęruer la longueur e brieuętę naturęlę dę noz silabęs. Il faudroęt bien acoutrer la façon vulguerę d'ortografier, e oter ces concurrancęs dę consonęs, e ces lętręs

---

7 Compare Peletier's attitude to verse without rhyme with those of the more censorious Sebillet (pp. 56–7) and the more tolerant Du Bellay (p. 107).

doublȩs quȩ l'on mȩt es silabȩs brieuȩs. Mȩs nous voȩrrons si notrȩ tans ȩt assez eureus pour nȩ lȩsser rien a esseyer.

48/73   [pp. 159–60]

On the subject of verse with metre on the classical pattern, compare Du Bellay (p. 85) and Ronsard (*Œuvres Complètes* ed. Laumonier, t. I, p. 52). There was much speculation on this subject in the sixteenth century. Nicolas Denisot and Antoine de Baïf, among others, wrote poetry of this sort. See, for example, M. Augé-Chiquet, *Jean-Antoine de Baïf*, 1909, Slatkine, Geneva, 1969 impression, Chapters VIII and IX.

In *Des g'anrȩs d'ecrirȩ*, Peletier turns his attention to the different types of poem recommended by Du Bellay in the *Deffence*. The first of these is Chapter III, *Dȩ l'Epigrammȩ*. He adds little of importance which we have not already seen in Sebillet's remarks (pp. 38–40); he seems perhaps closer to Sebillet on this subject than to Du Bellay (see p. 99).

IV. *Du sonnȩt*

Peletier opens this chapter with some brief remarks on the Italian origins of the sonnet.

Le Sonnȩt donq ȩt plus hautein quȩ l'Epigrammȩ: e à plus dȩ majeste: e ȩt capablȩ dȩ discours grauȩ, mȩs qui soȩt brief: Car sa mesurȩ ȩt limiteȩ dȩ quatorzȩ vȩrs: excete quȩ quelquȩs Italiens lui ajoutȩt un dȩmi vȩrs auȩc deus antiers **a** la fin: qu'iz apȩlȩt la Clef. Mȩs c'ȩt chosȩ dȩ peu dȩ contȩ. Aussi les notrȩs nȩ sȩ sont souciȩz d'an user: vu mȩmȩ quȩ Petrarquȩ n'an a point fȩt d'autrȩs quȩ dȩ quatorzȩ. Il à dȩ commun auȩc L'Epigrammȩ, qu'il doȩt sȩ fȩrȩ aparoȩr ilustrȩ an sa conclusion. Mȩs il a dȩ plus, qu'il doȩt étrȩ elabourè, doȩt santir sa longuȩ rȩconnoȩssancȩ, doȩt rȩsonner an tous ses vȩrs serieusȩmant: e quasi tout filosofiquȩ an concepcions. Brief, il doȩt ȩtrȩ fȩt commȩ dȩ deus ou dȩ troȩs conclusions. Car cȩlui la amportȩra lȩ pris, qui au milieu dȩ son ecrit, contantȩra le Lȩcteur dȩ telȩ sortȩ, qu'il samblȩ quȩ cȩ soȩt un achȩuȩmant: puis rȩchargȩra, e couronnȩra son ouuragȩ d'unȩ fin eureusȩ, e dínȩ des beautez du milieu. C'ȩt un ecrit dȩ grandȩ dificulte, pour la sugecion dȩ la Rimȩ: d'autant quȩ les huit prȩmiers vȩrs nȩ sont quȩ dȩ deus couleurs: quatrȩ d'unȩ e quatrȩ d'autrȩ. Vrȩi ȩt quȩ les sis dȩrniers librȩmant peuuȩt ȩtrȩ dȩ troȩs. On lȩ fȩt meintȩnant dȩ vȩrs masculins e feminins: chosȩ dȩ curiosite, non dȩ necessite: toutȩfoȩs louablȩ, a la nouueaute. E si jȩ sauoȩ quȩ ceus qui lȩ font tel, fussȩt ambicieus dȩ louangȩ, pour lȩ fȩrȩ tel: il nȩ mȩ coutȩr-oȩt rien a leur aplaudir. Iz sont bien plus a louer dȩ lȩ fȩrȩ bon: c'ȩt à dirȩ, dȩ bonnȩ inuancion. Car cȩ n'ȩt par la loȩ du Sonnȩt qui les apȩlȩ a telȩ obsȩruacion. E a la verite, il ȩt d'assez grandȩ sȩruitudȩ sans cȩla. Cȩ quȩ j'an dì n'ȩt point par cȩ quȩ jȩ veulhȩ euiter la peinȩ (an laquelȩ jȩ nȩ mȩ lȩssȩ jamȩs veincrȩ). Car il i an à assez bon nombrȩ dȩ téz parmi les miens: qui sont ceus quȩ j'è fȩz les dȩrniers: léquez cȩrtȩs nȩ m'ont point plus coutè a fȩrȩ pour les mipartir einsi: ou pour lȩs fȩrȩ tous dȩ vȩrs masculins ou dȩ vȩrs feminins (car j'an è fȩt quelquȩs uns). Mȩs il n'i à quȩ la Rimȩ qui mȩ soȩt couteusȩ. Or j'an conclurè mon auis, quȩ cȩlui qui sȩra einsi composè, sȩra plus beau e plus exquis: Mȩs cȩlui qui nȩ sȩra tel, pour cȩla nȩ pȩrdra pas son nom ni sa dinite dȩ Sonnȩt.

36/51   [pp. 165–8]

By the time Peletier wrote this chapter numerous collections of sonnets had appeared in French (for example, by Du Bellay, Pontus de Tyard, Ronsard, Baïf, Des Autels, Magny). Peletier himself had included five sonnets in his *Œuvres poétiques* in 1547. Before 1547 only a handful by Marot and Mellin de Saint-Gelais were in print. For fuller details see Boulanger, *op. cit.*, p. 164, n. 1, and p. 165, n. 5. Also Chamard, *Deffence*, pp. 221-5.

Compare Peletier's comments on *alternance* with Du Bellay's in the *Deffence* (p. 111). In 1552, after sporadic examples of *alternance* by Peletier, Du Bellay, Mellin de Saint-Gelais, the *Amours* of Ronsard set a pattern of systematic *alternance* which was widely followed. Peletier's comments in 1555 were thus less rigid than the general opinion and practice might have led one to expect. However, note Peletier's comment in the next chapter (p. 169). For fuller details on the whole subject see Boulanger, *op. cit.*, p. 166, n. 10, and Chamard, *Deffence*, pp. 290-3, as well as Laumonier, P., *Ronsard, poète lyrique*, Hachette, Paris, 1923, pp. 673-85, 706-10.

V. De l'Ode

The introduction to this chapter is a brief display of erudition on the subject of the development of the various writing surfaces in the ancient world, leading up, eventually, to the supreme achievement of the invention of printing. All this serves as a specific example of the general principle of gradual improvement which is also to be found in the case of poetry.

E pour abreger de venir a notre point: combien longuemant à ele sofistiquè an Balades, Rondeaus, Lez, Virelez, Triolez e s'il i an à de téz:[8] pour être amparee de l'Ode e du Sonnet? deus g'anres d'ouurage elegans, agreables, e susceptibles de tous beaus argumans. . . .

[pp. 171-2]

Ce nom d'Ode à etè introduìt de notre tans, par Pierre de Ronsard: auquel ne falhirè de temoignage, que lui etant ancor an grand' jeunece, m'an montra quelques unes de sa façon, an notre vile du Mans: e me dìt delors, qu'il se proposoèt ce g'anre d'ecrire, a l'imitacion d'Horace: comme depuis il a

8 Compare the scornful remarks of Du Bellay (p. 99).

montrè a tous les Françoęs: e ancor plus par sus sa pręmierę intancion, a l'imitacion du pręmier des Liriquęs, Pindarę. Combien toutęfoęs, quę dę cę tans la, il nę les fít pas mesureęs a la Lirę: commę il à bien sù fęrę depuis. Ni moę non plus quę lui, nę mę vouloę obliger a cetę loę dę masculins e feminins. Cę quę j'è amandè an mes nouueaus Ecriz: équez j'è racoutrè les quatrę sęsons dę l'Anneę, qui etoęt sans mesurę aus pręmiers Euuręs. Pourcę, cetę nouueaute sę trouua rudę au pręmier: e quasi n'i auoęt quę lę nom inuantè. Męs quãt a la chosę, si nous ręgardons les Seaumęs dę Clemant Marot: cę sont vręęs Odęs,[9] sinon qu'il leur defalhoęt lę nom, cõmę aus autręs la chosę. La matierę dę l'Odę, sont les louangęs des Dieus, Dęmidieus, e des Princęs: Les amours, les banquęz, les jeuz festiz, e samblablęs passętans. Qui montręt qu'ęlę ęt capablę dę diuęrs argumans e dę diuęrs stilę.

[pp. 172–7]

Peletier goes on to discuss the need for a break in the sense at the end of each *strophe* and then the length of a *strophe*.

Il ęt tout cęrtein quę les couplęz sę doęuęt pęrpetuęlęmant obsęruer paręz, an cadancęs dę vęrs masculinęs e femininęs (car je nę changęrè point l'apęlacion vulgerę): C'ęt a dirę, quę la modulacion des Couplęz doęt ętrę samblablę: pour ętrę męsureę a la Lirę. E dirè ancoręs, quę s'iz ręçoęuęt des vęrs dę diuęrsę męsurę (commę iz font souuant) les plus grand vęrs doęuęt tousjours aler dęuant les moindręs. Car il n'ęt pas deçant quę lę plus long soussęruę au plus court. L'Odę ęt lę g'anrę d'ecrirę lę plus spacieus pour s'ebatrę, qui soęt au dessous de l'euurę Heroïquę, an cas dę toutę libęrte Poëtiquę: commę Fablęs, Figuręs, e autręs naïuetez. Qui voudra fęrę des Strofęs e Antistrofęs, faudra qu'il parlę plus hautęmant qu'an nulę des autręs façons. Car ęlęs nę sę metoęt

9 Compare Ronsard's arrogant comments (pp. 184–5).

anciennǫmant sinon aus hinnǫs des Dieus. E commǫ Macrobǫ
dìt (sǫlon la valeur mǫmǫ du mot, qui sinifiǫ conuǫrsion ou
contournǫmant): la Strofǫ etoǫt a l'examplǫ e imitacion du
droǫt tour ou mouuǫmant du Ciel etǫle: e l'Antistrofǫ qui
sinifiǫ rǫtour ou reuersion, etoǫt a l'imitacion du cours retro-
gradǫ des Planǫtǫs.

43/107   [pp. 178–80]

Boulanger (*op. cit.*, p. 169, n. 1) criticises Peletier in this chapter for
offering 'une doctrine confuse et contradictoire'. Like all his contemporaries, Peletier defined the *ode* in terms of its form rather
than in terms of its subject matter or its tone. Unlike Ronsard,
Peletier recognised the role of writers before the Pléiade in the
development of the *ode*.

VI. *Dǫ l'Epitrǫ e dǫ l'Elegiǫ: e dǫ la Satirǫ*

Peletier's treatment of these three *genres* is rather summary
and there are many points of comparison not only with Du
Bellay's but also with Sebillet's remarks on the same subjects. Peletier touches on subject matter, length of lines,
models to imitate, etc.

VII. *Dǫ la Comediǫ e dǫ la Tragediǫ*

This chapter contains little of importance for the study of
the *Pléiade* conception of poetry.

VIII. *Dǫ l'Euurǫ Heroïquǫ*

L'Euurǫ Heroïquǫ ǫt cǫlui qui donnǫ le pris, e lǫ vrei titrǫ dǫ
Poëtǫ. E si ǫt dǫ tel contǫ e dǫ tel honneur: qu'unǫ Languǫ
n'ǫt pour passer en celebrite vǫrs les Sieclǫs: sinon qu'ǫlǫ ǫt
tretè lǫ Sugǫt Heroïquǫ: qui sont les guǫrrǫs. Nous dirons

donq les autrҽs g'anrҽs d'Ecriz ҽtrҽ les Riuierҽs e ruisseaus: e
l'Héroïquҽ ҽtrҽ commҽ unҽ Mer, einçoҽs une formҽ e
imagҽ d'Vniuҽrs: d'autant qu'il n'ҽt matierҽ, tant soҽt ҽlҽ
arduҽ, precieusҽ, ou excҽlantҽ an la naturҽ des chosҽs: qui nҽ
s'i puissҽ aporter, e qui n'i puissҽ antrer. An prҽmier lieu, le
Poëtҽ commancҽ par l'inuocacion des Dieus, ou, lҽ plus
souuant, des Musҽs: pour montrer, qu'an toutҽs antrҽprisҽs
doҽt ҽtrҽ imploreҽ l'eidҽ e reconnuҽ la puissancҽ diuinҽ.

[pp. 194–5]

Peletier explains how the opening of the epic must be designed so as to entice the reader to advance gradually into
the heart of the work. The example chosen to illustrate how
this should be achieved is Virgil's *Aeneid*.

. . . nous viendrons au Poҽmҽ de Virgilҽ: lҽ fil duquel auõs
deduìt ci dҽuant jusquҽs au quatriémҽ Liurҽ. Nous l'exposҽr-
ons ici an sustancҽ e par formҽ generalҽ: pour montrer l'imagҽ
e la facҽ du Poҽmҽ Heroïquҽ, lҽ mieus au vif quҽ nous pourrons, par ses mambrҽs plus spectablҽs: e afin quҽ mieus s'an
puissҽ juger l'etanduҽ, la grandeur e la capacite. Prҽmierҽmant,
le Poëtҽ, pour montrer les chosҽs du mondҽ, ou plus tót les
fҽz humeins, ҽtrҽ altҽrnatiz auҽc auҽrsite e felecite: à ramplì
tout son Poҽmҽ dҽ joҽҽ e dҽ tristecҽ, successiuҽs l'unҽ a l'autrҽ.
Sauoҽr ҽt, qu'Eneҽ e ses g'ans tout joyeusҽmãt nauigans, furҽt
surpris d'unҽ subitҽ e perilheusҽ tampҽtҽ sus la Mer Tirrenҽ:
aprҽs laquelҽ, arriuerҽt au lieu dҽ rҽpos e dҽ bonnҽ cherҽ.

[pp. 197–8]

The majority of the rest of the chapter is devoted to what
is often little more than 'telling the story' of the *Aeneid* with
occasional critical judgments which serve as indications as
to how to write an epic poem. Some of the more significant
of these general comments follow.

Voęla commant les infortunęs parmi les felicitez, les joęęs
parmi les tristęcęs: sont lę jeu du Teatrę dę cę mondę: dont lę
Poęmę ęt lę miroęr. E parmi l'uniuęrsęl discours, il fęt bon
voęr, commant lę Poëtę, apręs auoęr quelquęfoęs fęt mancion
d'unę chosę memorablę (quelęs sont cęlęs que nous auons ici
deduitęs) la lęssę la pour un tans: tęnant lę Lecteur suspans,
dęsireus e hátif d'an aler voęr l'euenęmant. An quoę ję trouuę
noz Rommans bien inuantiz. E dirè bien ici an passant, qu'an
quelquęs uns d'iceus bien choęsiz, lę Poëtę Heroïquę pourra
trouuer a fęrę son profit: commę sont les auanturęs des
Chęualiers, les amours, les voyagęs, les anchantęmans, les
combaz, e samblablęs chosęs: déquelęs l'Ariostę à fęt amprunt
de nous, pour transporter an son Liurę. . . .

[pp. 200–1]

D'autrę part, il fęt bon contampler les passagęs dę Filosofię
epandue par tout un Euurę.

[p. 202]

Meintenant, les preceptęs dę la vię sont bien seamment
departìz par son Euurę. [These are l'*Amitie*, la *Piete*, l'*amour
conjugalę*, l'*amour fratęrnęl*, etc.]

[p. 203]

Voęla d'ou sortęt les viuęs voęs du Poëtę. Voęla commant
sę bátit l'Euurę Heroïquę e immortęl. Voęla commant d'une
Idęe dę sagęcę e dę vęrtu conçuę par lę grand esprit Poëtiquę,
sę formę lę grand e parfęt imagę dę la vię. Voęla commant
notrę Virgilę à dręcè son grand ouuragę. E etant tout lę
bátimant si bien dęuisè, si bien fondè e an si bęlę assietę,
qu'il contantę l'eulh an toutę la montrę: sę faut il ofanser s'il
i à quelquę parcęlę mal an son lieu?

[p. 206]

Voęla commant Virgilę à distinguè son eloquancę an
toutęs façons, non sans unę cęrteinę preuoyancę et presagę:

s'aprêtant d¢ satif¢r¢ a tant d¢ sort¢s d¢ Lecteurs a tant d'apetiz
e a tant d¢ jug¢mans. An quoɇ il à imitè c¢t¢ grand¢ ouurier¢
e mer¢ Natur¢, quand il à fêt un acord d¢ tant d¢ sort¢s e d¢
si diuɇrs tons.

    57/314   [p. 208]

Boulanger (*op. cit.*, p. 194, n. 1) criticises Peletier for adding very
little to the remarks which Du Bellay had already made on this
subject. Both believed that the epic poem was to be the culminat-
ing achievement of the Pléiade, but neither had much to offer in
the way of constructive, detailed suggestion. Ronsard's two prefaces to the *Franciade* are, as one might expect, more enlightening
(see pp. 209–10).

IX. *Des Liçanc¢s Poëtiqu¢s*

This chapter deals with details such as making one syllable
into two or *vice versa* for the sake of poetic expediency,
whether or not there should be an 's' at the end of the first
person singular of the present tense, the omission or inclu-
sion of prepositions in abnormal places.

Conclusion d¢ l'Euur¢: E quel¢s condicions doȩt auoȩr l¢ Poët¢

Peletier apologises to those who were already aware of the
many precepts he has enunciated by saying that they will
be pleased to find that he has agreed with their views.

Aus autr¢s qui n'ont ancor¢s qu¢ les igniculés e prom¢ss¢ a
la grandeur, j'aurè fêt singulier¢ commodite, d¢ les auoȩr
adr¢cèz d¢ la Poësi¢ vulguer¢ a la vrɇ¢ armoni¢ Musical¢: e
d¢ leur auoȩr apris à d¢sirer ȩtr¢ pr¢mier¢mant Poët¢s, e puis
Poët¢s Françoɇs: c'ȩt a dir¢, a conc¢uoȩr, e puis a exprimer:
brief, a panser qu¢ les Langu¢s deuien¢t grand¢s par les concepcions, auquel¢s ɇl¢s obeiss¢t: e qu¢ les cõcepcions s¢ form¢t

hautes sęlon qu'ęt lę couragę: lequel cęrtęs nous pansons auoęr donnè grand, a ceus qui sont nèz auęc unę genereusę inclinacion a bien: qui leur auons proposè les plus excęlans ouuriers a imiter, e exposè lę meilheur dę l'ouuragę: e dę telę afeccion, quę peùt ętrę quelquęs uns nous estimęront trop rigoreus an precepcions. Męs il faut qu'iz pansęt, quę quiconquę sę męlę d'anseigner, doęt parler lę plus auant qu'il peùt imaginer: pour nę limiter la capacite dę pęrsonnę. Lę moyen dę paruęnir bien haut, ęt d'aspirer au supręmę. E cęrtęs ję prisę tant, e estimę si couteusę la facturę dę cęlui quę j'è ici instituè, c'ęt a dirę d'un Poëtę: quę ję lui veù donner a panser, qu'il n'i à chosę tant arduę an la Naturę, qu'il nę sę doęuę promętrę, e proposer pour necesserę au meritę dę cę Lorier Dęlfiquę. Puis, eyant cetę hautęcę d'antandęmant: qu'il nę sę defię point dę pouuoęr ętrę tel quę nous l'auons figurè. Croęę donq notrę Poëtę, quę lę pręmier accęs a la souuęreinętę, ęt par lę couragę. N'estimę son esprit incapablę dę pęrfeccion: ambracę par cogitacion l'uniuęrsę structurę des chosęs: respirę un vouloęr invinciblę, e un dęsir insaciablę: e lors s'assurę dę surmonter. Car les Ars et Sciancęs ne samblęt an rien aus afęręs dę dęhors, auquez n'ęt possiblę d'auęnir sans eidę extęrnę, e sans adminiculęs d'alheurs. Les Ars sont an notrę puissancę, pouruu quę nous eyons la faueur dę Naturę: laqueę nous secourę des instrumans conuenablęs. Déquez lę premier ęt l'intancion. Car ceus la peuuęt, qui cuidęt pouuoęr. Ie n'è donq pas ici grand bęsoin dę dire, qu'a notrę Poëtę ęt necesserę la connoęssancę d'Astrologię, Cosmografię, Geometrię, Phisiquę, brief dę toutę la Filosofię. Sans léquelęs nõ seulęmant nę sę comprand aucunę pęrfeccion: męs ancoręs ęt tout timidę e honteus cęlui qui nę les à a commandęmant, n'osant s'auanturer d'antrer an quelquę bon passagę, quand il sę sant coupablę dę n'an pouuoęr sortir, etant depouruù dę cęla qui plus ilustrę un Poęmę. Il nę faut point nomplus, quę ję l'auęrticę quę l'art dę la guerrę lui doęt ętrę familier, puis quę c'ęt lę principal sugęt du Poëtę

Heroïqu¢: e m¢m¢mant l'art nautiqu¢, e brief les ars mecani-
qu¢s n¢ lui do¢u¢t ¢tr¢ inconnuz: Aumoins an do¢t il sauo¢r
les principal¢s adrec¢s, usag¢s e vocabl¢s: pour an parler
d¢dans ses Ecriz d¢ tel¢ grac¢, e d¢ si bonn¢ ateint¢: qu'il
sambl¢ bien qu'il n¢ so¢t pas ignorant d¢ c¢ qu'il n¢ dìt pas.

[pp. 215–17]

Peletier now says that he will list the essential qualities of a
poet.

Sach¢ donq, quiconqu¢ s¢ voudra f¢r¢ profes d¢ la religion des
Mus¢s, qu¢ leurs seinz antr¢s sont inaccessibl¢s a celui qui s¢ra
auaricieus d'autr¢ chos¢ qu¢ d'honneur. E ancor¢s c¢t¢
auaric¢ la, ne do¢t aucun¢mant santir son ambicion. La glo¢r¢
¢t d¢ tel¢ sort¢, qu'¢l¢ fuit ceus qui la ch¢rch¢t trop instam-
mant.

[p. 218]

Song¢ quand il à un¢ fo¢s bien f¢t, qu¢ c¢ n'¢t qu'un¢ obligacion
a mieus . . .

N'ampogn¢ point un auenir pour mil ni deus mil ans: m¢s
compregn¢ les Siecl¢s jusqu¢s a l'infinite: S¢ so¢t rigoreus
so¢m¢m¢. N¢ s¢ côtante d¢ ses bienf¢z qu¢ l¢ plus tard e l¢
plus dificil¢mant qu'il pourra. Pans¢ qu¢ nul¢ faut¢ n¢ lui s¢ra
pardonne¢. S¢ reput¢ eureus d'auo¢r un Emulateur: e tant
plus l¢ pregn¢ a son auantag¢, qu¢ plus il l¢ cõno¢tra sauant e
v¢rtueus. Car il n'i a chos¢ qui pouss¢ plus auant, ni qui so¢t
meilheur ep¢ron a bien f¢r¢ qu¢ l'emulacion: ni qui temoign¢
plus c¢rtein¢ment la felicite d'un tans.

[pp. 218–19]

E m¢m¢ faut qu'il ¢t tel keur, qu¢ s'il pans¢ qu¢ ceus d¢ son
ag¢ n¢ so¢t assez puissans pour ¢tr¢ ses emulateurs: il do¢t
prandr¢ Homer¢ e Virgil¢ a parti¢: e comm¢ s'iz eto¢t

concurrans auҿc lui: doҿt songer a fҿrҿ aussi bien qu'eus.
Autrҿmant, s'il dҿmeurҿ inferieur: il dҿmeurҿra a la fin rien
du tout. . . .

Nҿ sҿ faschҿ point d'ҿtrҿ rҿpris, ancorҿs quҿ cҿ soҿt a tort:
Car reprehansion sҿrt tousjours d'auҿrticҿmant. Sachҿ fҿrҿ
discrecion entrҿ lҿ vrei loueur e lҿ flateur: sҿ souuҿnant du
mot d'Antistenҿ, quҿ les Corbeaus mangҿt les hommҿs mors:
e les flateurs les mangҿt tous viz. . . .

[p. 219]

Viuҿ auҿc les Poëtҿs dҿ son tans, sans anuiҿ. Car il n'i à
chosҿ plus seantҿ aus nourriçons des Musҿs, quҿ la candeur:
Ҿt dҿ grandҿ industriҿ dҿ fҿrҿ son profit des hommҿs sauans:
choҿsicҿ la grauite dҿ l'un, l'erudicion dҿ l'autrҿ: la sentancieu-
sҿte dҿ cҿtuici, lҿ jugҿmant dҿ cҿtuila, e la propriete e lҿ labeur
dҿ tous. E aprҿs auoҿr apris an etudҿ priue: la prҿmierҿ chosҿ
qu'il fҿra, soҿt d'aler voҿr par efҿt cҿ qu'il n'à vù qu'an ecriturҿ.
Ailhe contãpler les viuҿs imagҿs des chosҿs dҿ la Naturҿ.
Autrҿmant il n'ecrira jamҿs dҿ hardiҿcҿ: e nҿ fҿra dirҿ dҿ
soҿ autrҿ chosҿ, sinon qu'il parlҿ par la bouchҿ d'autrui, par
keur e a credit. Car cõmant sҿroҿt il possiblҿ a un hõmҿ dҿ
parler des chosҿs pҿrtinamant, qui n'auroҿt fҿt quҿ les lirҿ.

[pp. 220–1]

Soҿt pront a communiquer ses Ecriz a un ami, intimҿ e
choҿsi. E autant qu'il sҿra facilҿ a les fҿrҿ voҿr a un ou a deus:
plus il sҿra long e tardif a les mҿtrҿ an vuҿ publiquҿ. Car il à
grandissimҿ dificulte a prandrҿ la possession dҿ sa Rҿnommeҿ:
e i à cҿrteins sҿcrҿz qui nҿ sҿ peuuҿt exprimer, sinon quҿ lҿ
commancҿmant dҿ toutҿs chosҿs ҿt lҿ plus important. La
promҿssҿ prҿmierҿ quҿ donnҿ un Poëtҿ dҿ soҿ, lҿ coup d'essei
qu'on voҿt dҿ lui, lҿ premier akeulh e aplaudicҿmant qu'on
lui donnҿ (dont lҿ total egard ҿt au jugҿmant des doctҿs non
afeccionez) quasi decouurҿt toutҿ sa destineҿ. Les Bucoliquҿs

de Virgilé furét dé telé rancontré, qu'au recit d'une Eglogué, Ciceron s'ecria, *magnae spes altera Romae*: sublimé voçs e dé grand presagé vù lé lieu dont çlé partoét. E ici donnérons conge a notre Poëté, si premier nous l'auérticons, qu'il ét sus toutés chosés a considerer, quel rolé il prand a jouer. C'ét, qu'il sé presanté pour la plus spectablé pérsonné du Teatré: e cé Teatré ét l'Vniuérs.

106/144   [pp. 222-3]

CONCLUSION

In spite of similarities between Peletier's *Art Poëtiqué* and Du Bellay's *Deffence*, one soon becomes aware that the former is a more mature work, the product of a more balanced mind. Peletier's *Art Poëtiqué*, for the most part, not only presents us with a revaluation or a modification of what was too hastily dashed off by Du Bellay, it also offers a more just appreciation of the contribution of earlier poets, in particular Marot. Nor must we forget that Peletier was not a latecomer in the field of poetic theory; as Boulanger says:

> . . . on ne peut contester à son auteur le mérite d'avoir défini le premier, avec autant de force que de clarté les principes essentielles de la nouvelle esthétique. Le meilleur de la *Deffence* est en germe dans la préface de l'*Art poëtique d'Horace traduit en vers françois* (1544) et dans la pièce du recueil de 1547 intitulée *A un poete qui n'escriuoit qu'en latin*. D'autre part les principes énoncés par l'*Art poëtique* de 1555 ne seront exprimés par Ronsard que longtemps après: dans son *Abbregé de l'Art poëtique françois* (1565) et dans les prefaces de la *Franciade* (1572 et 1587).[10]

The tone is not that of a pamphlet. It is altogether more measured and reasonable; while it is certainly partial towards the achievements of the Pléiade, it is far from being uncritical.

10 *Op cit.*, p. 40.

The division into two parts, the first dealing with general principles and the second with French poetry in particular, is logically conceived and faithfully executed except that within the confines of individual chapters there is some lack of strict relevance.

Little need be said about Peletier's attitude to the idea of divine inspiration. He accepts that poetry has always had a moral and civilising influence and that this is associated with its divine origins. By virtue of his privileged position a poet is able to reveal in his poetry the universal laws inherent in nature. This was a commonplace in sixteenth century poetic theory.

On the question of the relationship between nature and art Peletier makes the customary Renaissance affirmation that all arts, including poetry, are part of nature and are communicated to mortal man by it. More important, however, is Peletier's approach to the same question from a different standpoint: he associates nature with the subject matter of poetry and art with the form in which it is expressed. Both are indispensable; in isolation neither is likely to lead to a satisfactory poetic creation. This is a slightly different position from that of either Sebillet or Du Bellay, for whom nature implied the poet's inspiration or his inborn qualities. The difference is merely a function of the slightly different but overlapping meanings of nature in the sixteenth century.[11]

For Peletier the act of writing poetry involves the imitation of nature, the source material. In order to be able to perform this task satisfactorily the poet must not only write in his own language, he must also be personally acquainted with nature in its many manifestations; this implies immense erudition in all branches of knowledge. The precise sense to be attributed to 'imitation' in this context is open to some doubt. As we

11 See pp. 17, 46, 91, 107, 136. See also Chamard, *Deffence*, 1904 edition, pp. 193–4, and Castor, *op. cit.*, pp. 37–50.

have already remarked (p. 123), the word had two connotations in the sixteenth century: one referred to a metaphysical system, the other to classical models. Although it is clearly the former which is relevant here, the indications are too brief for us to be sure whether Peletier inclined towards the Platonic sense of imitation (in which art was an inferior copy not only of the reality of the material world but also, *a fortiori*, of the world of eternal ideas) or towards the Aristotelian sense, in which imitation of nature implied a profound interpretation and representation by the poet which revealed the universal and eternal laws behind the particular and the transient. As Castor has shown,[12] the probability is that Peletier was more frequently closer to the Platonic interpretation, although there are traces of a watered down Aristotelian theory (well known to the Middle Ages because of Horace's *Ars Poetica*), consisting of little more than the idea of the vivid representation of nature in art.

Du Bellay made scornful remarks about translation but praised the practice of imitating models; Peletier takes a more moderate view on the former (they can enrich the vernacular, they involve a high degree of endeavour as well as of artistic skill) and is most forthright on the limitations and dangers of imitation. Although he agrees that imitation is a natural human activity (a familiar point), he believes that it should be pursued only with moderation, for it can never, by itself, lead to a great work. Excessive imitation is, in his view, for the lazy or the timid: only by having the courage to add something personal, by improving upon the original, can a poet attain true glory. In reaching these conclusions Peletier must have been influenced by the worst effects that the principle of imitation had had on the early work of the Pléiade.

Unlike Du Bellay, Peletier devotes a chapter to discussing the subjects of poetry. The major ones are war, love, pastoral

12 Castor, *op. cit.*, pp. 55 7.

N

life, nature and history. The greatest of these is war, which is especially suitable for the epic. The least desirable is history, first for practical reasons (it is best told in prose, without digressions or any form of ornamentation) but also for a second, more important reason: history is concerned with factual events, whilst poetry deals with universals. According to Peletier, love is a subject which has been overworked. In his own writings he tried to introduce philosophical themes into his love poetry as well as treating nature as a source of scientific description and speculation rather than merely a starting point for a lyrical development. Perhaps this list of subjects is just as interesting for what is omitted as for what is included. The remarks about pastoral life include a most favourable reference to Marot's treatment of this subject.

Peletier follows Du Bellay in his criticism of the fixed-form *genres*, which he saw as the legacy of the Middle Ages. He speaks favourably of the sonnet, the ode and especially the epic. Perhaps more interesting than his comments on the individual *genres* are the general principles which seem to emerge from his review. Peletier establishes a hierarchy which rests on well defined criteria. As Weinberg has pointed out,[13] the material afforded by nature can be seen from a standpoint of both quality and quantity. Serious subjects (e.g. war) are viewed as inherently superior to comic subjects, for example. Some types of poem (e.g. the epic), in terms of quantity, encompass a greater sweep of nature than others. Similarly, the criteria of quality and quantity can be applied to the potential readers: some types of poem will be for the select few, others for a wider audience. In this way Peletier is able to classify *genres* and the style most appropriate to them. The epic is the supreme *genre* because it treats a subject of the highest quality, the whole of nature can come within its scope, it is written

13 Weinberg, *op. cit.*, pp. 26 *et seq.*

for all types of readers, and there is room for poetic ornamentation of every variety.

So far as form is concerned, Peletier has much the same
ideas as Du Bellay with regard to archaisms and neologisms.
In addition, he recommends composite words ('Atlas portęciel'), declining comparatives and superlatives on the Latin
model ('grandieur', 'grandissimę') and dialectic terms. More
important than all the details, however, is his belief that the
diction of poetry is distinct from that of prose. It is for this
reason that substantival and adverbial adjectives receive his
approval. On the other hand, although a chapter is devoted
to rhetorical devices and ornaments, Peletier keeps very firmly
in mind the need for clarity of expression; he rejects obscurity
and the excessive use of mythological and erudite references.
One might perhaps construe this as a criticism of much of the
early writings of the Pléiade. According to Boulanger,[14]
when Peletier stresses the need for poetry to be 'éloignée du
vulgaire' he is more concerned to show his solidarity with the
Pléiade than with expressing his own inclinations.

Among many judicious comments on the subject of metre
Peletier, with the experience gleaned from his observation
of several years of experimentation by the Pléiade, speaks more
favourably than Du Bellay of the alexandrine. In his view it
has replaced the decasyllable as the *vers héroïque*. This is entirely
in keeping with the criteria mentioned earlier: because of its
greater length the alexandrine is capable of more refinement
and variation and is, therefore, ideally suited to the epic poem.

Peletier's attitude to *rime riche* is, apparently, less affected by
a need to react against the excesses of the *Grands Rhetoriqueurs*
than was the case with Du Bellay. On the whole, he sees
rhyme as an indispensable element of French versification.
Not only do *rimes riches* afford pleasure to the ear, they also
ensure that the poet spends a great deal of time in polishing his

14 *Op. cit.*, p. 44.

writing. Here Peletier echoes Du Bellay's insistence on the hard work associated with revision. Another aspect of Peletier's views on rhyme is his belief that the alternation of masculine and feminine rhymes is an additional but not essential attraction in a sonnet, whereas it is indispensable in an ode.

Selections from
the critical writings
of Ronsard

Unlike the authors so far considered, Ronsard did not write a full scale *Art Poétique*; his views on poetry are scattered about in various parts of his enormous output.[1] We can get an idea of his views, however, if we concentrate on some of his more significant prefaces and his *Abbregé de l'Art poëtique françois*.

LES QUATRE PREMIERS LIVRES DES ODES

The publication by Ronsard, in the first few months of 1550, of *Les Quatre Premiers Livres des Odes* was accompanied by an extremely haughty and provocative few pages entitled *Au lecteur*. Like the *Deffence*, but in an even more exaggerated form, these pages show how at this period theory and polemic were often inseparable. The tone is all the more remarkable when one remembers that at this stage Ronsard was a mere *débutant*.[2]

---

1 In his introduction to Vol. XIV of the *Œuvres Complètes* of Ronsard, Laumonier makes the following remark (p. *v*, n. 2): 'Pour connaître la poétique propre à Ronsard et son évolution, v. les préfaces des *Odes* (1550), l'*Elégie à Choiseul* (1556), la *Complainte contre Fortune*, vers 93 et suiv. (1559), la *Responce aux injures*, vers 839 et suiv., 1,000 et suiv. (1563), la préface de la *Franciade* (1572), très développée dans l'édition des *Œuvres* de 1587, enfin le *Caprice à Simon Nicolas*, publié après sa mort.'
2 For further details see Laumonier, *Ronsard, poète lyrique*, pp. xxiii-xxxi.

Les Quatre Premiers Livres des Odes[3] (1550)

Au Lecteur

Si les hommes tant des siecles passés que du nostre, ont merité quelque louange pour avoir piqué diligentement aprés les traces de ceus qui courant par la carriere de leurs inventions, ont de bien loin franchi la borne: combien davantage doit on vanter le coureur, qui galopant librement par les compaignes Attiques, & Romaines osa tracer un sentier inconnu pour aller à l'immortalité? Non que je soi, lecteur, si gourmand de gloire, ou tant tormenté d'ambitieuse presumption, que je te vueille forcer de me bailler ce que le tens, peut estre, me donnera (tant s'en faut, que c'est la moindre affection que j'aie, de me voir pour si peu de frivoles jeunesses estimé). Mais quand tu m'appelleras le premier auteur Lirique François, & celui qui a guidé les autres au chemin de si honneste labeur, lors tu me rendras ce que tu me dois, & je m'efforcerai te faire apprendre qu'en vain je ne l'aurai receu. Bien que la jeunesse soit tousjours elongnée de toute studieuse occupation pour les plaisirs voluntaires qui la maistrisent: si est ce que des mon enfance j'ai tousjours estimé l'estude des bonnes lettres, l'heureuse felicité de la vie, & sans laquelle on doit desesperer ne pouvoir jamais attaindre au comble du parfait contentement. Donques desirant par elle m'approprier quelque louange, encores non connue, ni atrapée par mes devanciers, & ne voiant en nos Poëtes François, chose qui fust suffisante d'imiter: j'allai voir les etrangers, & me rendi familier d'Horace, contrefaisant sa naive douceur, des le méme tens que Clement Marot (seulle lumiere en ses ans de la vulgaire poësie) se travailloit à la poursuite de son Psautier, & osai le premier des nostres, enrichir

---

3 The complete text of the *préfaces* to the odes can be consulted most conveniently in *Ronsard, Œuvres Complètes*, ed. P. Laumonier, S.T.F.M., Paris, 1914–67, t. I. The page numbers after the selections refer to this edition.

ma langue de ce nom Ode, comme l'on peut veoir par le
titre d'une imprimée sous mon nom dedans le livre de Jaques
Peletier du Mans, l'un des plus excelens Poëtes de nostre âge,
affin que nul ne s'atribue ce que la verité commande estre à
moi. Il est certain que telle Ode est imparfaite, pour n'estre
mesurée, ne propre à la lire, ainsi que l'Ode le requiert . . .

[pp. 43–4]

Tu jugeras incontinant, Lecteur, que je suis un vanteur, &
glouton de louange: mais si tu veus entendre le vrai, je
m'assure tant de ton accoustumée honnesteté, que non seulement tu me favoriseras, mais aussi quand tu liras quelques trais
de mes vers, qui se pourroient trouver dans les œuvres d'autrui,
inconsiderément tu ne me diras imitateur de leurs écris, car
l'imitation des nostres m'est tant odieuse (d'autant que la
langue est encores en son enfance) que pour cette raison je me
suis éloigné d'eus, prenant stile apart, sens apart, euvre apart,
ne desirant avoir rien de commun avecq'une si monstrueuse
erreur.

[p. 45]

Ronsard explains ('certes sans vanterie') how he was urged
by his friends to publish the poems he had composed in
imitation of Pindar and Horace:

Et mémement solicité par Joachim du Bellai, duquel le jugement, l'etude pareille, la longue frequentation, & l'ardant
desir de reveiller la Poësie Françoise avant nous foible, &
languissante (je excepte tousjours Heroet, Sceve, & Saint
Gelais) nous a rendus presque semblables d'esprit, d'inventions, & de labeur.

[p. 46]

Je ne fai point de doute que ma Poësie tant varie ne semble
facheuse aus oreilles de nos rimeurs, & principalement des

courtizans, qui n'admirent qu'un petit sonnet petrarquizé, ou quelque mignardise d'amour qui continue tousjours en son propos: pour le moins, je m'assure qu'ils ne me sçauroient accuser, sans condamner premierement Pindare auteur de telle copieuse diversité, & oultre que c'est la sauce, à laquelle on doit gouster l'Ode.

[p. 47]

Pour telle vermine de gens ignorantement envieuse ce petit labeur n'est publié, mais pour les gentils espris, ardans de la vertu, & dedaignans mordre comme les mâtins la pierre qu'ils ne peuvent digerer.

[p. 48]

Ronsard adds this scornful reference to court poets:

Bien que telles gens foisonnent en honneurs, & qu'ordinerement on les bonnette, pour avoir quelque titre de faveur: si mourront ils sans renom, & reputation, & les doctes folies de poëtes survivront les innombrables siecles avenir, criants la gloire des princes consacrés par eus à l'immortalité.

[p. 50]

Sur avertissement au Lecteur

Depuis l'achevement de mon livre,[4] Lecteur, j'ai entendu que nos consçienscieus poëtes ont trouvé mauvais de quoi je parle (comme ils disent) mon Vandomois, écrivant ores charlit, ores naus, ores ullent, & plusieurs autres mots que je confesse veritablement sentir mon terroir. Mais d'autant qu'ils n'ont point de raisons suffisantes, je ne daigneroi gaster l'encre pour

---

4 This addition was almost certainly written after some copies had been sold and was probably inserted in the remaining copies of the first edition. See Laumonier, *Œuvres Complètes*, t. I, p. 57, n. 1.

leur faire entendre leur peu de verité. T'avertissant seullemant
de ne suivre l'erreur de telle grasse ignorance, mais fortifié de
la raison qui favorise, ne te laisser piper par leurs songes &
vaines bourdes. Car tant s'en faut que je refuze les vocables
Picards, Angevins, Tourangeaus, Mansseaus, lors qu'ils
expriment un mot qui defaut en nostre François, que si
j'avoi parlé le naif dialecte de Vandomois, je ne m'estimeroi
bani pour cela d'eloquence des Muses, imitateur de tous les
poëtes Grecs qui ont ordinerement ecrit en leurs livres le
propre langage de leurs nations. . . .

[pp. 57–8]

Within the next six years there was to be a remarkable change
of attitude by Ronsard. Increasingly there was evidence in his
poetry that he realised the error in his attitude to Pindar and
all he stood for. We can see this change clearly illustrated in
the *Elégie à Chretophle de Choiseul*,[5] published in August,
1556.

Mais ce n'est pas le tout que d'ouvrir le bec grand.
Il faut garder le ton, dont la grace despend,
Ny trop haut, ny trop bas, suivant nostre nature
Qui ne trompe jamais aucune creature.   [ll. 11–14]

Comme il faut que l'on dance, & comme il faut que l'on
   saute,
Non pas d'un vers enflé plain d'arrogance haute,
Obscur, masqué, broüillé d'un tas d'inventions
Qui font peur aux lisans, mais par descriptions
Douces, & doucement coulantes d'un doux stille,
Propres au naturel de Venus la gentille . . .   [ll. 69–73]

Me loüe qui vouldra les repliz recourbez
Des torrens de Pindare en profond embourbez,

5 Laumonier, *Œuvres Complètes*, t. VIII, pp. 351–8.

Obscurs, rudes, facheux, & ses chansons congnues
Que je ne sçay comment par songes & par nuës,
Anacreon me plaist, le doux Anacreon![6]   [ll. 79–83]

ABBREGÉ DE L'ART POËTIQUE FRANÇOIS

The *Abbregé de l'Art poëtique françois* (1565) was the nearest
that Ronsard came to composing a full length *Art Poétique*. It
was published anonymously, modified in later editions and
subsequently suppressed. Compared with the works we have
previously considered, it is extremely short: Ronsard himself
says that it was written 'en trois heures à peine' and that it was
specifically addressed to a certain Alphonse Delbene,[7] who
wished to be instructed in the art of French poetry. Chamard
conjectures that in spite of its anonymity Ronsard expected the
perspicacious reader to guess that he was the author and that,
for all its faults of composition, it would be sufficient to indicate, contrary to some rumours, that he remained faithful to
his earlier principles in spite of his position at court.

Abbregé de l'Art poëtique françois, à Alphonse Delbene[8]

Combien que l'art de poësie ne se puisse par preceptes
comprendre ny enseigner, pour estre plus mental que traditif:
toutesfois, d'autant que l'artifice, humain, experience &
labeur le peuvent permettre, j'ay bien voulu t'en donner

6 In the early part of 1554 Henri Estienne published *L'Anacréon*, a
   collection of *odelettes grecques*, together with a series of Latin translations. *L'Anacréon* had a pronounced effect on Ronsard (see Laumonier, *Ronsard, poète lyrique*, pp. 120–40); the poems are charac-
   terised, amongst other things, by their brevity, their lightness and
   their naivety.
7 For further details see Laumonier, *Œuvres Complètes*, t. XIV, p. 4,
   n. 1.
8 Laumonier, *Œuvres Complètes*, t. XIV, p. 3.

quelques reigles icy, afin qu'un jour tu puisses estre des premiers en la congnoissance d'un si aggreable mestier, à l'exemple de moy qui confesse y estre assez passablement versé. Sur toutes choses tu auras les Muses en reverence, voire en singuliere veneration, & ne les feras jamais servir à choses deshonnestes, à risées, ny à libelles injurieux, mais les tiendras cheres & sacrées, comme les filles de Juppiter, c'est à dire de Dieu, qui de sa saincte grace a premierement par elles faict cognoistre aux peuples ignorans les excellences de sa majesté. Car la Poësie n'estoit au premier aage qu'une Theologie allegoricque, pour faire entrer au cerveau des hommes grossiers par fables plaisantes & colorées les secretz qu'ilz ne pouvoyent comprendre, quand trop ouvertement on leur descouvroit la verité. On dict que Eumolpe Cecropien, Line maistre d'Hercule, Orphée, Homere, Hesiode inventerent un si doux alechement. Pour ceste cause ilz sont appellez Poëttes divins, non tant pour leur divin esprit qui les rendoit sur tous admirables & excellens, que pour la conversation qu'ilz avoyent avecques les Oracles, Prophetes, Devins, Sybilles, Interpretes de songes, desquelz ils avoyent apris la meilleure part de ce qu'ilz sçavoyent: car ce que les oracles disoyent en peu du motz, ces gentilz personnages l'emplifioyent, coloroyent & augmentoyent, estans envers le peuple ce que les Sybilles & Devins estoyent en leur endroit. Long temps apres eulx sont venuz d'un mesme païs, les seconds poëtes que j'appelle humains, pour estre plus enflez d'artifice & labeur que de divinité. A l'exemple de ceux cy, les poëtes Romains ont foisonné en telle fourmiliere, qu'ilz ont apporté aux librairies plus de charge que d'honneur, excepté cinq ou six desquelz la doctrine, accompagnée d'un parfaict artifice, m'a tousjours tiré en admiration. Or, pour ce que les Muses ne veulent loger en une ame, si elle n'est bonne, saincte, & vertueuse, tu seras de bonne nature, non meschant, renfrongné, ne chagrin: mais animé d'un gentil esprit, ne laisseras rien

entrer en ton entendement qui ne soit sur-humain & divin.
Tu auras en premier lieu les conceptions hautes, grandes,
belles, & non trainantes à terre. Car le principal poinct est
l'invention, laquelle vient tant de la bonne nature, que par la
leçon des bons & anciens autheurs. Et si tu entreprens quelque
grand œuvre tu te montreras religieux & craignant Dieu, le
commençant ou par son nom ou par un autre qui representera
quelque effect de sa majesté, à l'exemple des Poëtes Grecs.
Car les Muses, Apollon, Mercure, Pallas & autres telles deitez
ne nous representent autre chose que les puissances de Dieu,
auquel les premiers hommes avoyent donné plusieurs noms
pour les divers effectz de son incomprehensible majesté. Et
c'est aussi pour te montrer que rien ne peut estre ny bon ny
parfaict, si le commencement ne vient de Dieu. Apres tu
seras studieux de la lecture des bons poëtes, & les apprendras
par cœur autant que tu pourras. Tu seras laborieux à corriger
& limer tes vers, & ne leur pardonneras non plus qu'un bon
ȷardinier à son ante, quand il la voit chargée de branches
inutiles ou de bien peu de prouffict. Tu converseras doucement & honnestement avecque les poëtes de ton temps. Tu
honoreras les plus vieux comme tes peres, tes pareilz comme
tes freres, les moindres comme tes enfans, & leur communi-
queras tes escrits: car tu ne dois jamais rien mettre en lumiere
qui n'ayt premierement esté veu & reveu de tes amis, que tu
estimeras les plus expers en ce mestier, afin que par telles
conjonctions & familiaritez d'espritz, avecque les lettres & la
bonne nature que tu as, tu puisses facilement parvenir au
comble de tout honneur, ayant pour exemple domestique les
vertus de ton pere, qui non seulement a surpassé en sa langue
Italienne les plus estimez de ce temps, mais encore a faict la
victoire douteuse entre luy & ceux qui escrivent aujourdhuy
le plus purement & doctement au vieil langage Romain. Or
pour ce que tu as desja la congnoissance de la langue Grecque
& Latine, & qu'il ne reste plus que la Françoise, laquelle te

doibt estre d'autant plus recommandée qu'elle t'est maternelle,
je te diray en peu de paroles ce qu'il me semble le plus ex-
pedient, & sans t'esgarer par longues & facheuses forestz,
je te meneray tout droict par le sentier que j'auray congneu
le plus court afin que aysément tu reguaignes ceux qui s'estans
les premiers mis en chemin, te pourroyent avoir aucunement
devancé. Tout ainsi que les vers Latins ont leurs piedz, comme
tu sçais, nous avons en nostre Poësie Françoise, de laquelle je
veux traicter icy, une certaine mesure de syllabes, selon le
dessein des carmes que nous entreprenons composer, qui ne
se peut outrepasser sans offencer la loy de nostre vers, desquelles mesures & nombre de syllabes, nous traiterons apres
plus amplement. Nous avons aussi une certaine cæsure de la
voyelle e, laquelle se mange toutes les fois qu'elle est rencontrée
d'une autre voyelle ou diftongue, pourveu que la voyelle qui
suit e n'ait poinct la force de consonne. Apres, à l'imitation de
quelqu'un de ce temps, tu feras tes vers masculins & fœminins
tant qu'il te sera possible, pour estre plus propres à la Musique
& accord des instrumens, en faveur desquelz il semble que
la Poësie soit née: car la Poësie sans les instrumens, ou sans la
grace d'une seule ou plusieurs voix, n'est nullement aggreable,
non plus que les instrumens sans estre animez de la melodie
d'une plaisante voix. Si de fortune tu as composé les deux
premiers vers masculins, tu feras les deux autres fœminins, &
paracheveras de mesme mesure le reste de ton Elegie ou
chanson, afin que les Musiciens les puissent plus facilement
accorder. Quant aux vers lyriques, tu feras le premier couplet
à ta volonté, pourveu que les autres suyvent la trace du
premier. Si tu te sers des noms propres des Grecs & Romains, tu
les tourneras à la terminaison Françoise, autant que ton langage
le permet: car il y en a beaucoup qui ne s'y peuvent nullement
tourner. Tu nu rejetteras point les vieux motz de noz Romans,
ains les choisiras avecques meure & prudente election. Tu
practiqueras bien souvent les artisans de tous mestiers comme de

Marine, *Vennerie*, *Fauconnerie*, & principalement les artisans de feu, *Orfevres*, *Fondeurs*, *Mareschaux*, *Minerailliers*, & de là tireras maintes belles & vives comparaisons, avecque les noms propres des mestiers, pour enrichir ton œuvre & le rendre plus aggreable & parfaict: car tout ainsi qu'on ne peult veritablement dire un corps humain beau, plaisant & accomply s'il n'est composé de sang, venes, arteres & tendons, & surtout d'une plaisante couleur: ainsi la poësie ne peut estre plaisante ny parfaicte sans belles inventions, descriptions, comparaisons, qui sont les ners & la vie du livre qui veult forcer les siecles pour demourer de toute memoire victorieux & maistre du temps. Tu sauras dextrement choisir & approprier à ton œuvre les mots plus significatifs des dialectes de nostre France, quand mesmement tu n'en auras point de si bons ny de si propres en ta nation, & ne se fault soucier si les vocables sont *Gascons*, *Poitevins*, *Normans*, *Manceaux*, *Linnois* ou d'autre païs, pourveu qu'ilz soyent bons & que proprement ilz signifient ce que tu veux dire, sans affecter par trop le parler de la court, lequel est quelquesfois tresmauvais pour estre le langage de damoiselles & jeunes gentilzhommes qui font plus de profession de bien combattre que de bien parler. Et noteras que la langue Grecque n'eust jamais esté si faconde & abondante en dialectes & en motz comme elle est, sans le grand nombre de republicques qui fleurissoyent en ce temps là, lesquelles comme amoureuses de leur bien propre, vouloyent que leurs doctes citoyens escrivissent au langage particulier de leur nation, & de là sont venuz une infinité de dialectes, frases & manieres de parler, qui portent encores aujourd'huy sur le front la marque de leur païs naturel, lesquelles estoyent tenues indifferemment bonnes par les doctes plumes qui escrivoyent de ce temps là: car un païs ne peult jamais estre si parfaict en tout qu'il ne puisse encores quelquefois emprunter je ne sçay quoy de son voisin, & ne fais point de doute que si il y avoit encores en France des Ducs de Bourgongne, de Picardie, de Normandie, de Bretaigne, de

Champaigne, de Gascogne, qu'ilz ne desirassent pour l'honneur de leur altesse, que leurs subjectz escrivissent en la langue de leur païs naturel: car les Princes ne doivent estre moins curieux d'agrandir les bornes de leur empire, que d'estendre leur langage par toutes nations:[9] mais aujourd'huy pour ce que nostre France n'obeist qu'à un seul Roy, nous sommes contraincts si nous voulons parvenir à quelque honneur, de parler son langage, autrement nostre labeur, tant fust il honorable & parfaict, seroit estimé peu de chose, ou (peult estre) totalement mesprisé.

The reader will be familiar with many of the points mentioned briefly in this rapid survey: the importance of poetry because of its divine origins, the lofty conception of poetic subject matter, the quest for eternal glory, the importance of *invention* and of the imitation of classical authors, the need to polish one's work and to have it submitted to scrutiny by an expert judge before publication, the recommendation to write in French, the link between music and poetry. These general points are mixed with scattered comments on detailed matters of versification (e.g. the alteration of masculine and feminine rhymes, elision and the caesura). The less familiar distinction between divine and human poets is a prose version of part of the *Ode à Michel de l'Hospital* (strophe 14 to epode 18). There is more stress in Ronsard than in anything we have seen so far on the need for the poet to be morally upright.

De l'invention

Pource qu'au paravant j'ay parlé de l'invention, il me semble estre bien à propos de t'en redire un mot. L'invention n'est

9 The following footnote appears in Laumonier's edition: 'Tel est le texte des éditions du XVI siècle. Or Ronsard a voulu dire le contraire, d'après le contexte et plusieurs passages de ses Œuvres où il exprime la même idée (v. par ex. le début de *Satyre*). Aussi les éditeurs des *Pièces retranchées* et à leur exemple Blanchemain, ont-ils renversé ainsi les termes de cette phrase: "car les Princes ne doivent estre moins curieux d'estendre leur langage par toutes nations que d'agrandir les bornes de leur Empire." '

autre chose que le bon naturel d'une imagination concevant
les Idées & formes de toutes choses qui se peuvent imaginer
tant celestes que terrestres, animées ou inanimes [*sic*], pour
apres les representer, descrire & imiter: car tout ainsi que le
but de l'orateur est de persuader, ainsi celuy du Poëte est
d'imiter, inventer, & representer les choses qui sont, qui
peuvent estre, ou que les anciens ont estimé comme veritables:
& ne fault point douter, qu'apres avoir bien & hautement
inventé, que la belle disposition de vers ne s'ensuyve, d'autant
que la disposition suit l'invention mere de toutes choses,
comme l'ombre faict le corps. Quand je te dy que tu inventes
choses belles & grandes, je n'entends toutesfois ces inventions
fantasticques & melencoliques, qui ne se rapportent non plus
l'une à l'autre que les songes entrecoupez d'un frenetique, ou
de quelque patient extremement tourmenté de la fievre, à
l'imagination duquel, pour estre blessée, se representent mille
formes monstrueuses sans ordre ny liayson: mais tes inventions, desquelles je ne te puis donner reigle pour estre
spirituelles, seront bien ordonnées & disposées: & bien qu'elles
semblent passer celles du vulgaire, elles seront toutesfois telles
qu'elles pourront estre facilement conceues & entendues d'un
chascun.

The linking of *invention* and *imagination* in this passage is of some
importance. Castor has shown[10] how contemporary theoreticians
were handicapped by the need to avoid any theory which was open
to the criticism that poets dealt with what was unreal or untrue;
in particular, that poets appealed to man's passions rather than to
his reason. The theoreticians could not have recourse to the
imagination without extreme caution because in the sixteenth century it was frequently viewed unfavourably as a result of its close
associations with the body and the senses, rather than with the
higher faculties. Its function was to act as an intermediary between
the senses and the mind; its method was to transmit to the higher

10 *Op. cit.*, pp. 10–12, 186–90.

faculties images based on the data provided by the senses; in the performance of this task it was notoriously unreliable and prone to error. Castor argues[11] that Ronsard proposed to rest part of the poetic process on the twin concepts of *invention* and *imagination*. *Invention* was a safe term, not only because it was associated with rhetoric and with reason, but also (paradoxically, in view of its modern connotations) because it implied a deliberate effort to discover what already existed; it thereby afforded protection against the damaging charges of fabrication and fantasy. With *invention* as its guarantor, Ronsard risked involving *imagination* in the poetic process in order to benefit from its associations with 'image making' and vivid representation, which were considered two desirable qualities in poetry. Yet he was very careful to indicate that it was only *imagination*'s 'bon naturel' which was useful, and he specifically rejected its more dangerous characteristics.

La disposition

Tout ainsi que l'invention despend d'une gentille nature d'esprit, ainsi la disposition despend de la belle invention, laquelle consiste en une elegante et parfaicte collocation & ordre des choses inventées, & ne permet que ce qui appartient à un lieu soit mis en l'autre, mais se gouvernant par artifice, estude & labeur, ajance & ordonne dextrement toutes choses à son poinct. Tu en pourras tirer les exemples des autheurs anciens & de noz modernes qui ont illustré depuis quinze ans nostre langue, maintenant superbe par la diligence d'un si honorable labeur. Heureux & plus que heureux, ceux qui cultivent leur propre terre, sans se travailler apres une estrangere, de laquelle on ne peult retirer que peine ingrate & malheureuse, pour toute recompense & honneur. Quiconques furent les premiers qui oserent abandonner la langue des anciens pour honorer celle de leur païs, ilz furent veritablement bons enfans & non ingratz citoyens, & dignes d'estre

11 *Op. cit.*, pp. 180-3.

O

couronnez sur une statue publicque, & que d'aage en aage on
face une perpetuelle memoire d'eux & de leurs vertus.

Excellence of *invention* leads to excellence of *disposition*; the quality
of poetry can be improved by imitating 'autheurs anciens'; writing
in the vernacular is praiseworthy as well as rewarding—all these
points are familiar, but in view of the date Ronsard is able to add
to the 'autheurs anciens' the proud comment that 'noz modernes
. . . ont illustré depuis quinze ans nostre langue'.

De l'elocution

Elocution n'est autre chose qu'une propriété & splendeur de
paroles bien choisies & ornées de graves & courtes sentences,
qui font reluyre les vers comme les pierres precieuses bien
enchassées les doigts de quelque grand Seigneur. Soubs
l'Elocution se comprend l'election des paroles, que Vergile &
Horace ont si curieusement observée. Pource tu te doibs
travailler d'estre copieux en vocables, & trier les plus nobles
& signifians pour servir de ners & de force à tes carmes, qui
reluyront d'autant plus que les mots seront significatifs,
propres & choisis. Tu n'oublieras les comparaisons, les descriptions des lieux, fleuves, forests, montaignes, de la nuict, du
lever du Soleil, du Midy, des Vents, de la Mer, des Dieux &
Déesses, avecques leurs propres metiers, habits, chars, &
chevaux: te façonnant en cecy à l'imitation d'Homere, que
tu observeras comme un divin exemple, sur lequel tu tireras
au vif les plus parfaictz lineamens de ton tableau.

The phrase 'ornées de graves et courtes sentences', together with
the idea of 'splendeur' and the image of precious stones adorning a
nobleman's fingers, are all indications which recall Du Bellay's
recommendation (see p. 100) that poetry should have a richly
attractive surface beauty.

De la poesie en general

Tu doibs sçavoir sur toutes choses que les grands poëmes ne se commencent jamais par la premiere occasion du faict, ny ne sont tellement accomplis, que le lecteur espris de plaisir n'y puisse encores desirer une plus longue fin, mais les bons ouvriers le commencement par le milieu, & scavent si bien joindre le commencement au milieu, & le milieu à la fin, que de telles pieces rapportées ilz font un corps entier & parfaict. Tu ne commenceras jamais le discours d'un grand poësme, s'il n'est esloigné de la memoire des hommes, & pour ce tu invoqueras la Muse, qui se souvient de tout, comme Désse, pour te chanter les choses dont les hommes ne se peuvent plus aucunement souvenir. Les autres petiz poësmes veulent estre abruptement commencez, comme les odes lyriques, à la composition desquelz je te conseille premierement t'exercer, te donnant de garde sur tout d'estre plus versificateur que poëte: car la fable & fiction est le subject des bons poëtes, qui ont esté depuis toute memoire recommandez de la posterité: & les vers sont seulement le but de l'ignorant versificateur, lequel pense avoir faict un grand chef d'œuvre, quand il a composé beaucoup de carmes rymez, qui sentent tellement la prose, que je suis esmerveillé comme noz François daignent imprimer telles drogueries, à la confusion des autheurs, & de nostre nation. Je te dirois icy particulierement les propres subjectz d'un chascun poësme, si tu n'avois desja veu l'art poëtique d'Horace, & d'Aristote, ausquelz je te cognois assez mediocrement versé. Je te veux advertir de fuir les epithetes naturelz, qu'ilz ne servent de rien à la sentence de ce que tu veux dire, comme *la riviere coulante, la verde ramée*: tes epithetes seront recherchez pour signifier & non pour rempir ton carme ou pour estre oyseux en ton vers: exemple, *Le ciel vouté encerne tout le monde*. J'ay dit vouté, & non ardant, clair ny hault ny azeuré, d'autant qu'une voute est propre pour embrasser & encerner quelque chose: tu pourras bien dire, *Le bateau va de sur l'onde coulante*, pour ce que le cours de l'eau faict couler le bateau. Les Romains ont esté trescurieux observateurs de ceste regle & entre les autres Virgile & Horace: les Grecs, comme en toutes choses appartenantes au vers, y ont esté plus libres, & n'y ont advisé de si pres. Tu fuiras aussi la maniere de composer des Italiens en ta langue, qui mettent ordinairement quatre ou cinq epithetes les uns apres les autres en un mesme vers, comme *alma, bella, angelica & fortunata dona*: tu vois que de tels epithetes sont plus pour empouller & farder le vers que pour besoing qu'il en soit: bref tu te contenteras d'un epithete ou pour le moins de deux, si ce n'est quelquesfois par gaillardise en mettras cinq ou six, mais, si tu m'en crois, cela t'adviendra le plus rarement que tu pourras.

The title of this section would hardly lead one to expect such a mixture of general and detailed recommendations. The usual Pléiade attitude to the hierarchy of *genres* is apparent (shorter poems not only require different treatment, they are also more suitable for an apprentice poet) as well as the customary distinction between *poésie* and *poétes* on the one hand and *vers* and *versificateurs* on the other.

In view of the apparent caution with which Ronsard yoked *invention* and *imagination* in an earlier section, it is perhaps surprising that he should so boldly proclaim here that 'la fable et fiction est le subject des bons poëtes', which might be thought to lay him open to precisely the same charge of falsehood against which he earlier seemed so anxious to protect himself.

De la ryme

La ryme n'est autre chose qu'une consonance & cadance de syllabes, tombantes sur la fin des vers, laquelle je veux que tu observes tant aux masculins qu'aux fœminins, de deux

entieres & parfaites syllabes ou pour le moins d'une aux
masculins, pourveu qu'elle soit resonante, & d'un son entier
& parfaict. Exemple des fœminins, *France, Esperance, despence,*
negligence, familiere, fourmiliere, premiere, chere, mere. Exemple
des masculins, *surmonter, monter, douter, sauter, Juppiter.* Toutesfois tu seras plus songneux de la belle invention & des motz,
que de la ryme, laquelle vient assez aisément d'elle mesme
apres quelque peu d'exercitation.

Compare Sebillet (pp. 30–6), Du Bellay (pp. 106–8) and Peletier
(pp. 160–3). Ronsard maintains the customary Pléiade suspicion of
the *Rhetoriqueur*'s attitude to rhyme.

De la voyelle e

Toutesfois & quantes que la voyelle e est rencontrée d'une
autre voyelle ou diftongue, elle est tousjours mangée, se per-
dant en la voyelle qui la suit, sans faire syllabe par soy, je dy
rencontrée d'une voyelle ou d'une diftongue pure, autrement
elle ne se peult manger quant l'i & v voyelles se tournent en
consones, comme, *Ie, vive.* Exemple de e, qui se mange,
cruelle & fiere, & dure, & facheuse amertume. Belle au cœur dur,
inexorable & fier. D'avantaige i, & a voyelles se peuvent elider
& manger. Exemple d'a, *L'artillerie, l'amour,* pour *la artillerie, la*
amour. Exemple de la voyelle i, *n'a ceux cy, n'a ceux là.* Quant
tu mangerois l'o, & l'u pour la necessité de tes vers il n'y
auroit point de mal, à la mode des Italiens ou plustost des
Grecs, qui se servent des voyelles, & diftonges, comme il leur
plaist & selon leur necessité.

De l'h

L'h quelques fois est note d'aspiration, quelques fois non.
Quand elle ne rend point la premiere syllabe du mot aspirée,

elle se mange, tout ainsi que faict e fœminin. Quand elle la rend aspirée, elle ne se mange nullement. Exemple de h non aspirée *Magnanime homme, humain, honneste & fort.* Exemple de celle qui rend la premiere syllabe du mot aspirée & ne se mange point, *La belle femme hors d'icy s'en alla, le Gentil homme hautain alloit par tout.* Tu pourras voir par la lecture de noz Poëtes François l'h qui s'elide ou non. Tu eviteras, autant que la contraincte de ton vers le permettra, les rencontres des voyelles & diftongues qui ne se mangent point: car telles concurrences de voyelles sans estre elidées font le vers merveilleusement rude en nostre langue, bien que les Grecs soyent coutumiers de ce faire, comme par elegance. Exemple, *vostre beauté a envoyé amour.* Ce vers icy te servira de patron pour te garder de ne tomber en telle aspreté, qui escraze plus tost l'oreille que ne luy donne plaisir. Tu doibs aussi noter que rien n'est si plaisant qu'un carme bien façonné, bien tourné, non entr'ouvert ny beant. Et pour ce, sauf le jugement de noz Aristarques, tu doibs oster la derniere e fœminine, tant de vocables singuliers que pluriers, qui se finissent en ee, & en ees, quand de fortune ilz se rencontrent au milieu de ton vers. Exemple du masculin plurier, *Rollant avoit deux espées en main.* Ne sens tu pas que ces deux espées en main offencent la delicatesse de l'oreille, & pource tu doibs mettre: *Rollant avoit deux espés en la main*, ou autre chose semblable. Exemple de l'e fœminine singuliere, *Contre la troupe Ænée print sa picque.* Ne sens tu pas comme de rechef Ænée sonne tresmal au milieu de ce vers? pour ce tu mettras: *Contre la troupe Æné' bransla sa picque.* Autant en est il des vocables terminez en ouë, & uë, comme *rouë, jouë, nuë, venuë*, & mille autres qui doivent recevoir syncope au milieu de ton vers. Si tu veux que ton poëme soit ensemble doux & savoureux, pource tu mettras *rou', ou', nu'*, contre l'opinion de tous noz maistres qui n'ont de si pres advisé à la perfection de ce mestier. Encores je te veux bien admonester d'une chose

tresnecessaire, c'est quand tu trouveras des motz qui difficile-
ment reçoyvent ryme, comme *or*, *char*, & mille autres, les
rymer hardiment contre *fort*, *ort*, *acort part*, *renart*, *art*, ostant
par licence la derniere lettre, t, du mot *fort*, & mettre *for'*
simplement avec la marque de l'apostrophe: autant en feras
tu de *far'* pour *fard*, pour le rymer contre *char*. Je voy le plus
souvent mille belles sentences & mille beaux vers perdus par
faute de telle hardiesse, si bien que sur *or*, je n'y voy jamais
rymer que *tresor* ou *or* pour *ores*, *Nestor*, *Hector*, & sur *char*,
Cesar. Tu sincoperas aussi hardiment ce mot de *comme*, &
diras à ta necessité *com'*: car je voy en quelle peine bien souvent
on se trouve par faute de destourner l'e finale de ce mot. Et
mesmes au commencement du vers. Tu accourciras aussi
(je dis entant que tu y seras contrainct) les verbes trop longs:
comme *donra* pour *donnera*, *sautra* pour *sautera*, & non les
verbes dont les infinitifz se terminent en e, lesquelz au contraire tu n'allongeras poinct & ne diras *prendera* pour *prendra*,
mordera pour *mordra*, n'ayant en cela reigle plus parfaicte que
ton oreille, laquelle ne te trompera jamais, si tu veux prendre
son conseil, avec certain jugement & raison. Tu eviteras aussi
l'abondance des monosyllabes en tes vers, pour estre rudes &
mal plaisans à ouyr. Exemple, *Je vy le ciel si beau si pur & net.*
Au reste je te conseille d'user de la lettre ò, marquée de ceste
marque pour signifier avecques, à la façon des anciens,
comme ò *luy* pour avecques luy: car avecques, composé de
trois syllabes, donne grand empeschement au vers, mesmement
quand il est court. Je m'asseure que telles permissions n'auront
si tost lieu que tu cognoistras incontinent de quelle peine se
voyront delivrez les plus jeunes, par le courage de ceux qui
auront si hardiment osé. Tu pourras aussi à la mode des Grecs,
qui disent οὔνομα pour ὄνομα, adjouster un u, apres un o, pou
faire ta ryme plus riche & plus sonante, comme *troupe* pour
trope, *Callioupe* pour *Calliope*. Tu n'oublieras jamais les
articles, & tiendras pour tout certain que rien ne peut tant

deffigurer ton vers que les articles delaissez: autant en est-il des pronoms primitifz, comme *je, tu,* que tu n'oublieras non plus, si tu veux que tes carmes soyent parfaictz et de tous poinctz bien accomplis. Je te dirois encores beaucoup de regles & secretz de nostre poësie, mais j'ayme mieux en nous promenans te les apprendre de bouche que les mettre par escrit, pour fascher peult estre une bonne partie de ceux qui pensent estre grands maistres, dont à peine ont-ils encores touché les premiers outilz de ce mestier.

These two sections are remarkable chiefly for the detailed, practical examples. Two important points are worthy of special attention, however—the rejection in principle of 'aspreté qui escraze plus tost l'oreille que ne luy donne plaisir' and its practical application, viz the rejection of hiatus.

Des vers alexandrins

Les alexandrins tiennent la place en nostre langue, telle que les vers heroïques[12] entre les Grecs & les Latins, lesquelz sont composez de douze à treize syllabes, les masculins de douze,

12 Laumonier, *Œuvres Complètes,* t. XIV, p. 24, adds the following footnote: 'En 1549, dans la *Deffence,* Du Bellay qualifiait encore "vers heroïques" les décasyllabes (II, ch. iv et ix); et il n'y est question nulle part de l'alexandrin. C'est Ronsard qui le premier transporta aux vers alexandrins la qualité d'heroïques, et cela dans la deuxième édition des *Meslanges,* donc de janvier à avril 1555. Jusqu'à cette date, aucune de ses pièces en alexandrins ne portait une mention de ce genre, pas meme celles qui sont d'inspiration et d'allure épique, telles que *la Harangue du Duc de Guise* (1553), ou le poème du *Narssis* (1554). On trouve ensuite dans la *Continuation des Amours* (juillet 1555) deux groupes de 27 et de 21 sonnets "en vers héroïques". Enfin dans le premier livre des *Hymnes* (2e moitié de 1555) sur quinze pièces douze sont en alexandrins, avec la mention déjà vue "vers héroïques", tandis que la mention "vers communs" est réservée aux décasyllabes. Cf. mes tomes VI, p. 176, var.; VII, pp. 116, 157; VIII, p. 3 et suiv.'

les fœminins de treize, & ont tousjours leur repos sur la sixiesme syllabe, comme les vers communs sur la quatriesme, dont nous parlerons apres. Exemple des masculins: *Madame baisez moy, je meurs en vous baisant,* où tu vois manifestement le repos de ce vers estre sur la sixiesme syllabe. Exemple du fœminin: *O ma belle maistresse, as tu pas bonne envie.* Tu doibs icy noter que tous noz mots François qui se terminent en es ou en e, lente, sans force & sans son, ou en ent, sont fœminins: tous les autres, de quelque terminaison qu'ilz puissent estre, sont masculins. Exemple de e fœminin: *singuliere, femme, beste, nasarde, livre, escritoire,* des es, *livres, escritoires, chantres &c.* Exemple des masculins: *donné, haut, chapeau, descendez, sur-montez.* Il fault aussi entendre que les pluriers des verbes, qui se finissent en ent, sont reputez fœminins, comme ilz *viennent, disent, souhaittent, parlent, marchent, &c.* La composition des Alexandrins doibt estre grave, hautaine, & (si fault ainsi parler) altiloque, d'autant qu'ilz sont plus longs que les autres, & sentiroyent la prose, si n'estoyent composez de motz esleus, graves, & resonnans, & d'une ryme assez riche, afin que telle richesse empesche le stille de la prose, & qu'elle se garde tous-jours dans les oreilles, jusques à la fin de l'autre vers. Tu les feras donc les plus parfaictz que tu pourras, & ne te contenteras point, comme la plus grand part de ceux de nostre temps, qui pensent, comme j'ay dict, avoir accomply je ne sçay quoy de grand, quand ilz ont rymé de la prose en vers: tu as desja l'esprit assez bon, pour descouvrir tels versificateurs par leurs miserables escritz, & par la congnoissance des mauvais faire jugement des bons, lesquelz je ne veux particulierement nommer pour estre en petit nombre, & de peur d'offencer ceux qui ne seroyent couchez en ce papier: aussi que je desire eviter l'impudence de telle maniere de gens: car tu sçais bien que non seulement κεράμευς κεράμει κοτέει, καὶ τέκτονι τέκτων, mais aussi ἀοιδὸς ἀοιδῷ.

Des vers communs

Les vers communs sont de dix à onze syllabes, les masculins de dix, les fœminins d'onze, & ont sur la quatriesme syllabe leur repos ou reprise d'aleine, ainsi que les vers Alexandrins sur la fin des six premieres syllabes. Or comme les Alexandrins sont propres pour les subjectz heroïques, ceux cy sont proprement nez pour les amours, bien que les vers Alexandrins reçoyvent quelquesfois un subject amoureux, & mesmement en Elegies & Aiglogues, où ilz ont assez bonne grace, quand ilz sont bien composez. Exemple des vers communs masculins: *Heureux le Roy qui craint d'offencer Dieu*. Exemple du fœminin: *Pour ne dormir, j'alume la bougie*. Telle maniere de carmes ont esté fort usitez entre les vieux poëtes François: je te conseille de t'y amuser quelque peu de temps, avant que passer aux Alexandrins. Sur toute chose je te veux bien advertir, s'il est possible (car tousjours on ne faict pas ce qu'on propose), que les quatre premieres syllabes du vers commun ou les six premieres des Alexandrins soyent façonnez d'un sens, aucunement parfaict, sans l'emprunter du mot suyvant. Exemple du sens parfaict: *Jeune beauté maistresse de ma vie*. Exemple du vers qui a le sens imparfaict: *L'homme qui a esté de sur la mer*.

Des autres vers en general

Les vers Alexandrins & les communs sont seulz entre touts qui reçoyvent cesure, sur la sixiesme et quatriesme syllabe. Car les autres marchent d'un pas licencieux, & se contentent seulement d'un certain nombre que tu pourras faire à plaisir, selon ta volonté, tantost de sept à huict syllabes, tantost de six à sept, tantost de cinq à six, tantost de quatre à trois, les masculins estant quelquesfois les plus longs, quelquesfois les fœminins, selon que la caprice te prendra. Telz vers sont merveilleusement propres pour la Musique, la lyre & autres

instrumens: & pour ce, quand tu les appelleras lyriques, tu
ne leur feras point de tort, tantost les allongeant, tantost les
accoursissant, & apres un grand vers un petit, ou deux petitz,
au choix de ton oreille, gardant tousjours le plus que tu
pourras une bonne cadence de vers propres (comme je t'ay
dict au paravant) pour la Musique, la lyre & autres instrumens. Tu en pourras tirer les exemples en mille lieux de noz
Poëtes François. Je te veux aussi bien advertir de hautement
prononcer tes vers, quand tu les feras, ou plus tost les chanter,
quelque voix que puisses avoir, car cela est bien une des
principales parties que tu dois le plus curieusement observer.

Des personnes des verbes François
& de l'ortographie

Tu n'abuseras des personnes des verbes, mais les feras servir
selon leur naturel, n'usurpant les unes pour les autres, comme
plusieurs de nostre temps. Exemple de la premiere personne,
J'alloy, & non j'allois, il alloit: si ce n'est aux verbes anomaux,
desquels nous avons grand quantité en nostre langue, comme
en toutes autres, & cela nous donne à cognoistre que le peuple
ignorant a fait les langages, & non les sçavans: car les doctes
n'eussent jamais tant créé de monstres en leur langue, qui se
doibt si sainctement honorer. Ils n'eussent jamais dit *sum, es
est*: mais plus tost, *sum, sis, sit*: & n'eussent dit, *bonus, melior,
optimus*, ains *bonus, bonior, bonissimus*. Mais ayant trouvé desja
les motz faictz par le peuple, ilz ont esté contrainctz d'en user
pour donner à entendre plus facilement au vulgaire leurs
conceptions, par un langage desja receu. Tu pourras avecques
licence user de la seconde personne pour la premiere, pourveu
que la personne se finisse par une voyelle ou diftongue, & que
le mot suyvant s'y commence, afin d'eviter un mauvais son
qui te pourroit offencer, comme *j'allois à Tours*, pour dire,
j'alloy à Tours, je parlois à ma dame, pour *je parloy à ma dame* &

mille autres semblables, qui te viendront à la plume en composant. Tu pourras aussi adjouster par licence une s, à la premiere personne, pourveu que la ryme du premier vers le demande ainsi. Exemple, *Puisque le Roy faict de si bonnes lois, Pour ton profit, ô France, je vouldrois Qu'on les gardast*. Tu ne rejecteras point les vieux verbes Picards, comme *voudroye* pour *voudroy, aimeroye, diroye, feroye*: car plus nous aurons de motz en notre langue, plus elle sera parfaicte, & donnera moins de peine à celuy qui voudra pour passetemps s'y employer. Tu diras selon la contraincte de ton vers *or, ore, ores; adoncq, adoncque, adoncques; avecq, avecque, avecques*, & mille autres, que sans crainte tu trancheras & alongeras ainsi qu'il te plaira, gardant tousjours une certaine mesure consultée par ton oreille, laquelle est certain juge de la structure des vers, comme l'œil de la peincture des tableaux. Tu eviteras toute ortographie superflue & ne mettras aucunes lettres en telz motz si tu ne les proferes: au moins tu en useras le plus sobrement que tu pourras, en attendant meilleure reformation: tu escriras *écrire* & non *escripre, cieus* & non *cieulx*. Tu pardonneras encores à noz z, jusques à tant qu'elles soyent remises aux lieux où elles doivent servir, comme en *roze, choze, espouze*, & mille autres. Quant au k, il est tresutile en nostre langue comme en ces motz, *kar, kalité, kantité, kaquet, kabaret*, & non le c, qui tantost occupe la force d'un k, tantost d'un s, selon qu'il a pleu à noz predecesseurs ignorans de les escrire, comme *France*, pour *Franse*, & si on te dit qu'on prononceroit *Franze*, tu respondras que la lettre s ne se prononce jamais par un z. Autant en est-il de notre g, qui souventesfois occupe si miserablement le lieu de l'i consone, comme en langage pour langaje. Autant en est-il de notre q, & du c, lesquelz il faudroit totalement oster, d'autant que le k, qui est ϰ des Grecs, peut en nostre langue servir sans violence en lieu du q, & du c. Il faudroit encores inventer des lettres doubles à l'imitation des Espagnolz de ill, & de gn, pour bien prononcer *orgueilleux*

Monseigneur, & reformer en la plus grand part nostre a, b, c, lequel je n'ay entreprins pour le present, t'ouvrant par si peu d'escriture la cognoissance de la verité d'ortographie & de la poësie, que tu pourras plus amplement practiquer de toy mesme, comme bien né, si tu comprens ce petit abbregé, lequel en faveur de toy a esté en trois heures commencé & achevé. Joinct aussi que ceux qui sont si grands maistres de preceptes, comme Quintilian, ne sont jamais parfaicts en leur mestier. Je te veux encores advertir de n'écorcher point le Latin, comme noz devanciers, qui ont trop sottement tiré des Romains une infinité de vocables estrangers, veu qu'il y en avoit d'aussi bons en nostre propre langage. Toutesfois tu ne les desdaigneras s'ilz sont desja receuz & usitez d'un chascun. Tu composeras hardiment des motz à l'imitation des Grecs, & Latins pourveu qu'ilz soyent gratieux & plaisans à l'oreille, & n'auras soucy de ce que le vulgaire dira de toy, d'autant que les poëtes, comme les plus hardis, ont les premiers forgé & composé les mots, lesquelz pour estre beaux & significatifz ont passé par la bouche des orateurs & du vulgaire, puis finablement ont été receuz, louez, & admirez d'un chacun. J'ay entendu par plusieurs de mes amis que, si ceux qui se mesloyent de la poësie les plus estimez en ce mestier du temps du feu Roy François & Henry eussent voulu sans envie permettre aux nouveaux une telle liberté, que nostre langue en abondance se feust en peu de temps egallée à celle des Romains, & des Grecs. Tu tourneras les noms propres des anciens à la terminaison de ta langue, autant qu'il se peult faire, à l'imitation des Romains, qui ont approprié ce qu'ilz ont peu des Grecs à leur langue latine, comme Ὀδυσσεὺς, Ulysses, Ulysse, ou par syncope Ulyss.; Ἀχίλλευς, Achilles, Achille; Ἡρακλῆς, Hercules, Hercule, ou Hercul; Μενέλεως, Menelaus, Menelas; Νικόλεως, Nicolaus, Nicolas. Les autres sont demeurés en leur premiere terminaison, comme Agamemnon, Hector, Paris, & plusieurs autres que tu pourras par

cy, par là trouver en la lecture des auteurs.[13] Tu ne dedaigneras
les vieux motz François, d'autant que je les estime tousjours
en vigueur, quoy qu'on die, jusques à ce qu'ilz ayent faict
renaistre en leur place, comme une vieille souche, un rejetton,
& lors tu te serviras du rejetton & non de la souche, laquelle
faict aller toute sa substance à son petit enfant, pour le faire
croistre & finablement l'establir en son lieu. De tous vocables,
quelz qu'ilz soyent, en usage ou hors d'usage, s'il reste encores
quelque partie d'eux soit en nom, verbe, adverbe, ou participe,
tu le pourras par bonne & certaine analogie faire croistre &
multiplier, d'autant que nostre langue est encores pauvre, &
qu'il fault mettre peine, quoy que murmure le peuple, avec
toute modestie de l'enrichir & cultiver. Exemple des vieux
motz: puisque le nom de *verve* nous reste, tu pourras faire
sur le nom le verbe *verver* & l'adverbe *vervement*, sur le nom
d'*essoine*, *essoiner*, *essoinement*, & mille autres telz, & quant il
n'y auroit que l'adverbe, tu pourras faire le verbe & le participe
librement & hardiement: au pis aller tu le cotteras en la marge
de ton livre, pour donner à entendre sa signification: & sur
les vocables receus en usage, comme *pays*, *eau*, *feu* tu feras
payser, *ever*, *foüer*, *évement*, *foüement*, & mille autres tels
vocables, qui ne voyent encores la lumiere, faute d'un hardy
& bien heureux entrepreneur.[14]

Or, si je congnois que cest abbregé te soit aggreable, &
utile à la posterité, je te feray un plus long discours de nostre
Poësie, comme elle se doibt enrichir, de ses parties plus
necessaires, du jugement qu'on en doibt faire, si elle se peult
regler aux piedz des vers Latins & Grecs, ou non, comme il
fault composer des verbes frequentatifz, incoatifz, des noms
comparatifz, superlatifz, & autres telz ornements de nostre
langage pauvre & manque de soy. Et ne se fault soucier,

---

13 Compare Du Bellay's remarks, p. 105.
14 This is the process of *provignement*. See Marty-Laveaux, *La Langue
de la Pléiade*, t. I, p. 476.

comme je l'ay dit tant de fois, de l'opinion que pourroit avoir
le peuple de tes escris, tenant pour reigle toute asseurée, qu'il
vault mieux servir à la verité qu'à l'opinion du peuple, qui
ne veut scavoir sinon ce qu'il voit devant ses yeux, & croyant
à credit, pense que noz devanciers estoyent plus saiges que
nous, & qu'il les fault totalement suivir, sans rien inventer de
nouveau, en cecy faisant grand tort à la bonne nature, laquelle
ilz pensent pour le jourd'huy estre brehaigne & infertile en
bons esprits, & que des le commencement elle a respandu
toute ses vertus sur les premiers hommes, sans avoir rien
retenu en espargne pour donner comme mere tresliberale
à ses enfans, qui devoyent naistre apres au monde par le
cours de tant de siecles avenir.

This final section is again rather disordered, containing material
which seems to have only marginal relevance to an *Art Poétique*.
Moreover, practical details once again jostle side by side with
general principles such as a further reference to the *jugement de
l'oreille* and the scorn of *l'opinion du peuple*. In the course of this
final section we have Ronsard's reference to the great haste with
which he wrote the *abbregé* and he hints tantalisingly that he might
one day write a fuller treatise.

PREFACES TO 'LA FRANCIADE'[15]

The epic poem which the Pléiade dreamed of was never
completed. Ronsard undertook the enormous task only after
much hesitation (which was connected with financial as much
as with poetic difficulties), worked at it fitfully and completed
only four of the projected twenty-four books. The publication of these four books in 1572 was accompanied by a

15 The full text of these prefaces can be consulted most conveniently
  in Laumonier, *Œuvres Complètes*, t. XVI. The page numbers after
  the selections refer to this edition.

prefatory *Au lecteur*. In 1587 he published a much longer *Preface sur La Franciade*.

The following extracts from these two prefaces are intended to give a sample of Ronsard's poetic views at the time of composition. They are not intended to summarise his remarks about the epic poem as such nor to give an account of his more general remarks, which by turns are self-justifying, hortatory, didactic.

Au lecteur (1572)

. . . j'ose seulement dire (si mon opinion a quelque poix) que le Poëte qui escrit les choses comme elles sont ne merite tant que celuy qui les feint & se recule le plus qu'il luy est possible de l'historien: non toutefois pour feindre une Poësie fantastique comme celle de l'Arioste, de laquelle les membres sont aucunement beaux, mais le corps est tellement contrefaict & monstrueux qu'il ressemble mieux aux resveries d'un malade de fievre continue qu'aux inventions d'un homme bien sain.

[p. 4]

. . . et si tu me dis, Lecteur, que je devois composer mon ouvrage en vers Alexandrins, pource qu'ils sont pour le jourd'huy plus favorablement receuz de nos Seigneurs & Dames de la Court, & de toute la jeunesse Françoise, lesquels vers j'ay remis le premier en honeur, je te responds qu'il m'eust esté cent fois plus aisé d'escrire mon œuvre en vers Alexandrins qu'aux autres, d'autant qu'ils sont plus longs, & par consequent moins sujets, sans la honteuse conscience que i'ay qu'ils sentent trop leur prose.

[p. 9]

Preface sur La Franciade (1587)

Les excellens Poëtes nomment peu souvent les choses par leur

nom propre. Virgile voulant descrire le jour ou la nuict, ne
dit point simplement & en paroles nues, Il estoit jour, il estoit
nuict: mais par belles circonlocutions . . . [Latin quotations
illustrate this point.]

[p. 333]

Telles semblables choses sont plus belles par circonlocutions,
que par leurs propres noms: mais il en fault sagement user:
car autrement tu rendrois ton ouvrage plus enflé & boufi
que plein de majesté.

[p. 334]

Tu dois davantage, Lecteur, illustrer ton œuvre de paroles
recherchees & choisies, & d'arguments renforcez, tantost par
fables, tantost par quelques vieilles histoires, pourveu qu'elles
soient briefvement escrites & de peu de discours, l'enrichissant
d'Epithetes significatifs & non oisifs, c'est a dire qui servent à
la substance des vers & par excellentes, & toutefois rares
sentences.

[p. 334]

Tout ceux qui escrivent en Carmes, tant doctes puissent
ils estre, ne sont pas Poëtes. Il y a autant de difference entre un
Poëte & un versificateur, qu'entre un bidet & un genereux
coursier de Naples, & pour mieux les accomparer, entre un
venerable Prophete & un Charlatan vendeur de triacles.

[p. 335]

Ces versificateurs se contentent de faire des vers sans ornement,
sans grace et sans art, & leur semble avoir beaucoup fait pour
la Republique, quand ils ont composé de la prose rimee.

[p. 336]

Bref, c'est un homme, lequel comme une mousche a miel
delibe & succe toutes fleurs, puis en fait du miel & son profit
selon qu'il vient à propos. Il a pour maxime tres neccessaire

P

en son art, de ne suivre jamais pas à pas la verité, mais la vray-semblance, & le possible: Et sur le possible & sur ce qui se peut faire, il bastit son ouvrage, laissant la veritable narration aux Historiographes. . . .

[p. 336]

Telles façons d'escrire, & tel art plus divin que humain est particulier aux Poëtes, lequel de prime face est caché au Lecteur, s'il n'a l'esprit bien rusé pour comprendre un tel artifice.

[p. 337]

La plus grande partie de ceux qui escrivent de nostre temps, se trainent enervez à fleur de terre, comme foibles chenilles, qui n'ont encore la force de grimper aux festes des arbres, lesquelles se contentent seulement de paistre la basse humeur de la terre, sans affecter la nourriture des hautes cimes, ausquelles elles ne peuvent attaindre à cause de leur imbecillité. Les autres sont trop ampoulez, & presque crevez d'enfleures comme hydropiques, lesquels pensent n'avoir rien fait d'excellent s'il n'est extravagant, crevé & bouffy, plein de songes monstrueux & paroles piafées : . .

[pp. 337–8]

Les autres plus rusez tiennent le milieu des deux, ny rampans trop bas, ny s'eslevans trop haut au travers des nues, mais qui d'artifice & d'un esprit naturel elabouré par longues estudes, & principalement par la lecture des bons vieux Poëtes Grecs & Latins, descrivent leurs conceptions d'un style nombreux, plein d'une venerable Majesté, comme a faict Virgile en sa divine *Aeneide*.

[p. 338]

Or, imitant ces deux lumieres de Poësie (sc. Homère et Virgile), fondé & appuyé sur nos vieilles Annales, j'ay basti ma *Franciade*, sans me soucier si cela est vray ou non, ou si

nos Roys sont Troyens ou Germains, Scythes ou Arabes: si
Francus est venu en France ou non: car il y pouvoit venir, me
servant du possible, & non de la verité. C'est le faict d'un
Historiographe d'esplucher toutes ces considerations, & non
aux Poëtes, qui ne cherchent que le possible . . .

[p. 340]

Tu n'oublieras aussi ny les montaignes, forests, rivieres, villes,
republiques, havres & ports, cavernes & rochers, tant pour
embellir ton œuvre par là, & le faire grossir en un juste
volume, que pour te donner reputation & servir de marque
à la posterité.

[p. 341]

J'ay esté d'opinion, en ma jeunesse, que les vers qui en-
jambent l'un sur l'autre, n'estoient bons en nostre Poësie:
toutefois j'ay cognu depuis le contraire par la lecture des
bons Autheurs Grecs & Romains . . .

[p. 342]

J'avois aussi pensé, que les mots finissans par voyeles &
diphtongues, & rencontrans apres un autre vocable commençant par un voyele ou diphtongue, rendoit le vers rude: j'ay
appris d'Homere & de Virgile, que cela n'estoit point mal-
seant. . . . Je suis d'advis de permettre quelque licence à nos
Poëtes François, pourveu qu'elle soit rarement prise.

[p. 342]

Tu n'ignores pas, Lecteur, qu'un Poëte ne doit jamais estre
mediocre en son mestier, ny sçavoir sa leçon à demy, mais
tout bon, tout excellent & tout parfait: la mediocrité est un
extreme vice en la Poësie, il vaudroit mieux ne s'en mesler
jamais, & apprendre un autre mestier.

Davantage je te veux bien encourager de prendre la sage
hardiesse, & d'inventer des vocables nouveaux, pourveu qu'ils
soient moulez & façonnez sus un patron desja receu du

peuple. Il est fort difficile d'escrire bien en nostre langue, si elle n'est enrichie autrement qu'elle n'est pour le present de mots & de diverses manieres de parler.

[p. 348]

Oultre-plus si les vieux mots abolis par l'usage ont laissé quelque rejetton, comme les branches des arbres couppez se rajeunissent de nouveaux drageons, tu le pourras provigner, amender & cultiver, afin qu'il se repeuple de nouveau. Exemple de *Lobbe*, qui est un vieil mot François qui signifie mocquerie & raillerie. Tu pourras faire sur le nom le verbe *Lobber*, qui signifiera mocquer & gaudir, & mille autres de telle façon.

[p. 349]

Je te conseille d'user indifferemment de tous dialectes, comme j'ay desja dict: entre lesquels le Courtisan est tousjours le plus beau, à cause de la Majesté du Prince: mais il ne peut estre parfaict sans l'aide des autres . . .

[p. 350]

Later developments
and conclusion

Pierre Delaudun and Jean Vauquelin de la Fresnaye wrote fully developed *Arts Poétiques* later in the century. Delaudun's was published in 1597 and the latter's, in verse, in 1605, although it is probable that they were written roughly contemporaneously. Each is largely a compendium of the ideas which we have already encountered in our examination of earlier critical writings. Eclecticism is pursued to such an extent that it is perhaps more useful to consider the two books as a means of rapid recapitulation rather than as serious attempts to arrive at consistent theories of poetry. What follows, therefore, is a summary of the main points in the two books.

Throughout its history poetry has enjoyed enormous prestige; it is divinely inspired. Without a god-given natural predisposition it is impossible for a writer to become a poet. Art, or technique, is the indispensable complement to a poet's natural talents. Moreover, the poet must be industrious as well as erudite in all branches of knowledge. Art can be codified into a series of rules relating to *genres*, versification, diction, embellishments, etc. The principle of imitation of classical models is a means of improving technique as well as of enriching the French language in which, of course, poetry is written. Poetry will bring glory to France and to the poet; such glory will transcend time and will prove more important than possible temporary advantage (e.g. social or financial). Rhyme is indispensable, but mere rhyme is not poetry. The distinction, although vehemently asserted, is not always too well defined; it seems to involve consideration of several factors rather than a single distinguishing feature, e.g. a definite hierarchy of subjects and poetic forms, the proper ordering of material, the avoidance of all sounds that might offend the 'jugement de l'oreille', appropriateness of language, the presence of stylistic devices and embellishments, etc, all appear to play a part in the distinction. Clarity is a vital characteristic and so is excellence: the first does not necessarily imply the avoidance of complexity and the second is the result of the notion that a poet must have the courage to aim beyond mediocrity. The poet differs from the historian in that he is more attached to fundamental truth than to what actually happened. While he has much in common with the orator, he differs from him in that he is subjected to more stringent rules and addresses himself not to a particular time and place but to eternity.

Conclusion

This is not the place to discuss the extent to which poetic theory in the sixteenth century was translated into poetic production. Nor is it possible to examine the delicate and complex interrelation between the cultural, social, political and religious climate on the one hand, and attitudes to poetry on the other. What is, however, clear is that in the course of a century which is undoubtedly one of the two greatest in French poetry there were profound changes in attitude to the very nature of poetry. Many of these have been detectable in the preceding pages; others, particularly those prevalent after the onset of the religious wars, were less well documented in critical writings.

The most marked upheaval is revealed if one compares the apparent exhaustion of medieval inspiration, as it was seen in the last throes of the school of the *rhétoriqueurs*, with the immense excitement and self-confidence of the Pléiade poets as they sought a renewal of an earlier classical tradition. When one has made all the necessary allowances for underestimation of the *rhétoriqueurs* and their immediate successors, as well as for the fact that there was a less sharp break with their immediate predecessors than the Pléiade stridently proclaimed, it remains clear that the poet of the middle of the sixteenth century saw himself in quite a different light from that of his predecessors. He was utterly convinced of the nobility of his role. He was not a man like other men and was certainly no mere technically accomplished hired entertainer or chronicler. In claiming to be divinely inspired he assumed a vatic function which transformed his attitude to himself and to his poetry.

Another important feature of the sixteenth century is one which it is all too easy to overlook today. This is the struggle between Latin and French as the normal means of expression in various fields—of which poetry was only one. An increasing number of Frenchmen, following the example of the Italians, fought for the vernacular, which finally triumphed. The need to enrich the French language as part of this patriotic endeavour resulted, so far as poetry was concerned, in the fashioning of a new instrument for the expression of the great national and religious themes as well as for personal lyricism. Technically many medieval forms went out of favour, to be replaced pre-eminently by the sonnet and the ode. Similarly, the alexandrine was established as the line *par excellence*.

One consequence of the changed attitude was the gradual diminution of the rather myopic enquiries into verse form, line lengths, rhyme schemes, etc, in favour of an enquiry into the nature of the act of writing poetry. This involved such awkward questions as the criteria by which poetry should be judged: if it was no longer enough to say that poetry was 'nombreux' and that it rhymed (this might be merely verse), what did distinguish it from, say, history? Is historical truth different from poetic truth, and if so, in what way? Unfortunately for the theoreticians, examination of the implications of poetic truth involved the need to guard against the legacy of Plato, which cast poets in the role of dabblers in passions (rather than reason) and in appearances (rather than in truth).

Another facet of this problem appears in a key area of debate in the sixteenth century. The vital principle of imitation of classical models is important for many reasons: first, because it reveals some of the preoccupations of the Pléiade (e.g. their interest in the ancient world and the desire to enrich French); second, because it leads us to consider the question of the relationship between imitation and the poet's personal contribution to the poem. Here we have the problem of incorporating into poetic theory the idea of inventing something new or, at least, of the poet bringing something personal to the poem without falling foul of traditional suspicion of *imagination* because of its association with fantasy and falsehood. This was one of the major problems for sixteenth century theoreticians. One way of warding off potential criticism was, simply, to place heavy emphasis on traditional models. Another was to have recourse to the idea of *invention*; this was a safe term because of its association with rhetoric as well as with rational thought. Its chief advantage, however, was that it implied coming across something which already existed in reality but which the poet could, as it were, reveal for the first time. Hence the poet could bring something personal to the poem and escape from the trap, pointed out by Peletier, of merely imitating.

The principle of imitation raises a further fascinating question which transcends the sixteenth century context: this is the general relationship between originality and tradition in poetry. If originality was not a concept which had much meaning in the sixteenth century, what was the nature of the poet's personal addition? It might involve taking something traditional (whether it be a theme, a verse form or an image) and treating it in an unconventional and personal way; this might entail shifting the emphasis in the treatment of a theme, or using a traditional verse form for an unusual purpose, or using a conventional image in a new context or so that it performed an unfamiliar function. If one values originality for its own sake one might perhaps be tempted to conclude that the sixteenth century poet was restricted in the scope of his activity. Translated into modern terms, however, imitation of the ancients implies simply respect for tradition. There may well be differences of degree between the importance of tradition to a modern poet and the importance of imitation to the sixteenth century poet, but there is hardly a difference of kind. To pose the question of the relationship of originality and tradition at all forces one to consider whether there may not be more deep-seated criteria of excellence in poetry than originality.

The dominant position of the Pléiade, particularly in the sphere of theory, should not prevent us from seeing that much that is admirable in sixteenth century poetry does not come within its ambit. Quite apart from Marot, who at least had a sufficient champion in Sebillet, there is the case of Scève, whose characteristic qualities of concentration, the fusion of intellect and emotion, and spiky rhythms were not perpetuated in a tradition. The aims of the Pléiade cut short such a possibility. Given the desire of the Pléiade to use poetry to enrich the vernacular, to bring honour to their country, its literature and themselves, it is not hard to see how the emphasis could be placed on embellishment rather than on condensation, on the beauty of the expression of the great commonplaces rather than on the intellectual and emotional complexity of experience enshrined in the poem. The Pléiade was more concerned with combinations of sound and rhythm which pleased the ear than with multiple rhythmic and syntactical devices designed to ensure a dynamic onward movement which would be proof against the potential clogging effects of concentration.

In the space of some ten years the Pléiade had effected a momentous change in the evolution of French poetry. The apparent weakening of its influence in the years following its halcyon days should not mask the fact that the changes it had brought about were fundamental and enduring—in spite of Malherbe's notorious criticism of Ronsard. This achievement is a reflection of the supreme self-confidence of Renaissance man in the middle of the sixteenth century.

One aspect of the period's boundless optimism, however—scientific poetry or the attempt to find poetic forms to encompass man's intellectual grasp of the universe—leads on to the breakdown of the Pléiade's theories. The grand design of finding a coherent world picture gradually disappeared as scepticism eroded confidence and the religious wars took a stranglehold on the late Renaissance. In this climate, where there was no concord between the prevailing poetic theories and the wider preoccupations of the age, it was the theories which collapsed under the strain. Perhaps understandably, there was no important attempt at re-formulation. The field was clear for forms of poetry which ranged from attempt to deal with the broken fragments of what had once been the dream of a coherent universe (Belleau's *Les Nouveaux Eschanges des Pierres Precieuses*, for example), through Du Bartas' attempt to fuse scientific knowledge and Christianity in *La Semaine ou la Creation du Monde*, and on to the metaphysical consideration of death by Sponde and the violent, tormented visions of D'Aubigné.

Further reading

The books listed below are intended to enable the reader to develop his introductory contacts with French sixteenth century poetic theory on a broader front and in more depth. They should be seen strictly within the context of the 'next stage' of study of this subject; they are an indication of what might realistically be attempted by a student with multiple commitments.

Texts

Du Bellay, J., *La Deffence et Illustration de la Langue Francoyse*, ed. H. Chamard, S.T.F.M., Paris, 1948.

Fabri, P., *Le Grant et Vray art de Pleine Rhetorique*, ed. A. Héron, Rouen, 1889–90.

Langlois, E., *Recueil d'Arts de Seconde Rhétorique*, Collection de Documents Inédits de la France, Imprimerie Nationale, Paris, 1902.

Peletier du Mans, J., *L'Art Poëtique*, ed. A. Boulanger, Publications de la Faculté des Lettres de l'Université de Strasbourg (Fascicule 53), Paris, 1930.

Ronsard, P. de, *Œuvres Complètes*, ed. P. Laumonier, S.T.F.M., Paris, 1914–67.

Sebillet, T., *Art Poétique Françoys*, ed. F. Gaiffe, S.T.F.M., Paris, 1932.

Tyard, P. de, *Solitaire Premier*, ed. S. F. Baridon, Textes Littéraires Français, Geneva and Lille, 1950.

Weinberg, B., *Critical Prefaces of the French Renaissance*,

Northwestern University Press, Evanston, Ill., 1950; reprinted A.M.S. Press, New York, 1970.

Critical works

Boase, A., Introduction (pp. xix–cv) to *The Poetry of France*, Vol. I (1400–1600), Methuen, London, 1964.

Castor, G., *Pléiade Poetics*, Cambridge University Press, 1964.

Chamard, H., *Histoire de la Pléiade*, Didier, Paris, 1961.

Patterson, W., *Three Centuries of French Poetic Theory*, Michigan University Press, Ann Arbor, Mich., 1935.

Weber, H., *La Création Poétique au XVIe siècle en France de Maurice Scève à Agrippa d'Aubigné*, Nizet, Paris, 1956.

List of principal publications
relating to French poetic theory
1392–1605

1392   Deschamps, E., *L'Art de Dictier* (t. VII, *Œuvres complètes d'Eustache Deschamps*, Société des Anciens Textes Français, Paris, 1878–1903).

1405–1525   *Recueil d'Arts de Seconde Rhétorique*, publié par E. Langlois (Collection de Documents Inédits sur l'Histoire de France), Paris, 1902:

    (i) *Des Rimes*. J. Legrand. Sans date.

    (ii) *Les Reigles de la Seconde Rhétorique*. Anonyme. 1411–32?

    (iii) *Le Doctrinal de la Seconde Rhétorique*. B. Herenc. 1432.

    (iv) *Traité de l'art de Rhétorique*. Anonyme. Sans date.

    (v) *L'Art de Rhétorique*. J. Molinet. 1477–92.

    (vi) *Traité de Rhétorique*. Anonyme. Avant 1500.

    (vii) *L'Art et Science de Rhétorique vulgaire*. Anonyme. 1524–5.

1501   Régnaud le Queux, L'Infortuné, *Le Jardin de Plaisance et fleur de Rethorique*, ed. E. Droz et A. Piaget, Société des Anciens Textes Français, Firmin–Didot, Paris, 1910.

1521   Fabri, P., *Le Grand et Vrai Art de Pleine Rhétorique*, publié avec introduction, notes et glossaire, par A. Héron, Rouen, 1889–90.

1539   Du Pont, G., *Art et Science de rhetorique metriffiee*, Toulouse, 1539.

1540   Dolet, E., *La manière de bien traduire d'une langue en aultre*, Lyons, 1539.

1545 Peletier, J., *L'Art Poëtique d'Horace, traduit en vers françois par Jacques Peletier du Mans*, Paris, 1545.

1548 Sebillet, T., *Art Poétique Françoys*, ed. F. Gaiffe, S.T.F.M., Paris, 1932.

1549 Du Bellay, J., *La Deffence et Illustration de la Langue Francoyse*, ed. H. Chamard, S.T.F.M., Paris, 1948.

1550 Aneau, B., *Le Quintil Horatian*, Lyons, 1556.

1555 Peletier, J., *L'Art Poëtique*, ed. A. Boulanger, Publications de la Faculté de Lettres de l'Université de Strasbourg, Paris, 1930.

1565 Ronsard, P. de, *Abbregé de l'Art poëtique françois*, t. XIV, *Œuvres Complètes*, ed. P. Laumonier, S.T.F.M., Paris, 1914–67.

1572 and 1587 Ronsard, P. de, Préfaces à *La Franciade*, t. XVI, *Œuvres Complètes*, ed. P. Laumonier, S.T.F.M., Paris, 1914–67.

1597 Delaudun D'Aigaliers, P., *L'Art Poëtique françois*, ed. J. Dedieu, Toulouse, 1909.

1605 La Fresnaye, V. de, *L'Art Poëtique François*, ed. G. Pellissier, Paris, 1885.

Further details can be found in Gaiffe's edition (pp. xxi–xxiv) of Sebillet's *Art Poétique Françoys* and in Chamard's edition (pp. 7–15) of Du Bellay's *Deffence et Illustration de la Langue Francoyse*, 1904.

Some important dates

	Poetry		Theory
1505	L. de Belges, *Epîtres de l'amant vert*.		
		c. 1511	L. de Belges, *La Concorde des deux langages*.
		1521	P. Fabri, *Grand et Vrai Art de Pleine Rhetorique*.
1531	M. de Navarre, *Le Miroir de l'ame pecheresse*.		
1532	C. Marot, *L'Adolescence Clementine*.		
1544	M. Scève, *Délie*.		
		1545	J. Peletier, translation, with preface, of Horace's *Ars poetica*.
		1548	T. Sebillet, *Art Poétique Françoys*.
1549	J. Du Bellay, *L'Olive*.	1549	J. Du Bellay, *Deffence et Illustration*.
1550	P. de Ronsard, *Odes*.	1552	P. de Tyard, *Solitaire Premier*.
1555	L. Labé, *Sonnets*.	1555	J. Peletier, *Art Poétique*.
1557	P. de Ronsard, *Sonnets pour Hélène*.		

Poetry	*Theory*
1558 J. Du Bellay, *Les Regrets*.	
	1565 P. de Ronsard, *Abbregé de l'Art poëtique françois*.
1572 P. de Ronsard, *La Franciade*.	1572 P. de Ronsard, first preface to *La Franciade*.
1577 A. D'Aubigné, *Les Tragiques* (begun).	
1578 G. Du Bartas, *La Semaine*.	
	1587 P. de Ronsard, third preface to *La Franciade*.
1588 J. de Sponde, *Stances et Sonnets de la Mort*.	
	1597 P. de Laudun, *Art Poëtique François*.